Druck und Distribution im Auftrag des Autors:
tredition GmbH, An der Strusbek 10, 22926 Ahrensburg,
Germany

Gründe für mentale Belastungen

Mentale Belastungen können aus einer Vielzahl von Gründen entstehen. Einige der häufigsten Auslöser für mentale Belastungen sind:

1. Stress: Stress kann aus vielen verschiedenen Quellen stammen, wie z.B. beruflichen Anforderungen, finanziellen Sorgen, Beziehungsproblemen oder persönlichen Herausforderungen. Es kann sich auf kurze oder längere Zeit aufbauen und kann sowohl positiv als auch negativ wirken, je nachdem wie gut man damit umgehen kann.

2. Trauma: Trauma kann durch Ereignisse wie Verlust, Gewalt, Unfälle oder körperliche oder sexuelle Missbrauch verursacht werden. Trauma kann langfristige Auswirkungen auf die mentale Gesundheit haben, insbesondere wenn es unbehandelt bleibt.

3. Soziale Isolation: Menschen, die sich isoliert fühlen, haben ein höheres Risiko für mentale Belastungen, wie z.B. Depressionen und

4

Angststörungen. Dies kann aufgrund von geografischer Entfernung, Verlust von sozialen Beziehungen oder mangelndem Selbstwertgefühl entstehen.

4. Armut: Armut kann sowohl finanziell als auch materiell sein und kann negative Auswirkungen auf die mentale Gesundheit haben, insbesondere wenn sie langfristig ist.

5. Gesundheitliche Probleme: Eine Vielzahl von gesundheitlichen Problemen, wie chronische Schmerzen, Schlafstörungen, Herz-Kreislauf-Erkrankungen, können mentale Belastungen verursachen.

6. Medikamente: Einige Medikamente können mentale Nebenwirkungen haben, wie z.B. Antidepressiva, die Depressionen oder Angst verursachen können.

7. Genetische Faktoren: Einige mentale Gesundheitsprobleme, wie z.B. Depressionen oder Angststörungen, haben eine genetische Komponente.

Es ist wichtig zu beachten, dass jeder Mensch unterschiedlich auf mentale Belastungen reagieren kann und dass es keine eindeutige Ursache für mentale Belastungen gibt. Einige Menschen können ein hohes Maß an Stress ertragen, während andere schnell überfordert sind. Es ist wichtig, die individuellen Bedürfnisse und Ressourcen jeder Person zu berücksichtigen, um effektiv mit mentale Belastungen umgehen zu können.

Es ist auch wichtig zu beachten, dass mentale Belastungen oft mehrere Auslöser auf einmal haben können und dass sie sich gegenseitig verstärken können. Zum Beispiel kann ein Trauma zu Angststörungen führen, die dann zu sozialer Isolation führen, die wiederum zu Depressionen führen kann.

Um mentale Belastungen zu bewältigen, ist es wichtig, die Auslöser zu identifizieren und zu verstehen. Dies kann durch Selbstreflexion oder durch professionelle Hilfe erreicht werden. Es ist auch wichtig, gesunde Coping-Mechanismen zu entwickeln und zu nutzen, wie z.B. regelmäßige Bewegung, gesunde Ernährung, ausreichend

Schlaf, soziale Unterstützung und gegebenenfalls Medikamente oder Therapie.

Es ist auch wichtig, das Stigma um mentale Gesundheit zu brechen und dafür zu sorgen, dass jeder Zugang zu geeigneten Ressourcen hat. Dies kann durch Aufklärung, öffentliche Kampagnen und durch die Schaffung von geeigneten Gesetzen und Regelungen erreicht werden.

Es gibt viele Möglichkeiten, um die mentale Gesundheit zu steigern. Hier sind einige Tipps:

1. Regelmäßige Bewegung: Regelmäßige körperliche Aktivität kann dazu beitragen, Stress abzubauen und die Stimmung zu verbessern.

2. Gesunde Ernährung: Eine ausgewogene Ernährung, die reich an Obst, Gemüse, Vollkornprodukten und gesunden Fetten ist, kann dazu beitragen, das Risiko von Depressionen und Angststörungen zu reduzieren.

3. Ausreichend Schlaf: Ausreichend Schlaf ist wichtig für die mentale und körperliche Gesundheit. Schlafmangel kann zu Gereiztheit,

Konzentrationsschwierigkeiten und Stimmungsschwankungen führen.

4. Soziale Unterstützung: Soziale Unterstützung von Freunden und Familie kann dazu beitragen, Stress abzubauen und die Stimmung zu verbessern.

5. Entspannungstechniken: Entspannungstechniken, wie z.b. Progressive Muskelentspannung, Yoga oder Atemübungen können helfen, Stress abzubauen und die Stimmung zu verbessern.

6. Zeit für sich selbst: Es ist wichtig, Zeit für sich selbst zu haben, um sich zu entspannen und zu reflektieren.

7. Positives Denken: Das Üben von positiven Denkmustern und das Fokussieren auf die positiven Aspekte des Lebens kann dazu beitragen, die Stimmung zu verbessern.

8. Therapie oder Beratung: Eine Therapie oder Beratung kann dazu beitragen, mentale Belastungen zu verarbeiten und coping-Strategien zu entwickeln.

9. Medikamente: In manchen Fällen kann die Einnahme von Medikamenten, wie Antidepressiva, helfen, mentale Gesundheitsprobleme zu behandeln.

Es ist wichtig zu beachten, dass jeder Mensch unterschiedlich auf verschiedene Behandlungsmethoden reagieren kann und dass es keine "eine Größe passt allen" - Lösung gibt. Es ist wichtig, die individuellen Bedürfnisse und Ressourcen jeder Person zu berücksichtigen, um eine effektive Strategie zur Steigerung der mentalen Gesundheit zu entwickeln.

Mentale Gesundheit und die Auswirkungen von Sozialen Medien

Die Verwendung von sozialen Medien hat in den letzten Jahren stark zugenommen und hat Auswirkungen auf viele Aspekte des Lebens, einschließlich der mentalen Gesundheit.

Einerseits können soziale Medien dazu beitragen, soziale Isolation zu reduzieren und die Verbindung zu Freunden und Familie zu stärken, insbesondere für Menschen, die aufgrund von geografischen oder körperlichen Einschränkungen eingeschränkt sind. Sie können auch dazu beitragen, Menschen Zugang zu wichtigen Ressourcen und Unterstützung zu geben.

Andererseits können soziale Medien auch negative Auswirkungen auf die mentale Gesundheit haben. Einige dieser Auswirkungen umfassen:

1. Vergleich: Die Verwendung von sozialen Medien kann dazu führen, dass Menschen sich mit anderen vergleichen, was dazu führen kann, dass sie sich unzulänglich oder unsicher fühlen.

2. Cybermobbing: Soziale Medien können auch ein Ort für Mobbing sein, was zu Angstzuständen und Depressionen führen kann.

3. Schlafstörungen: Die Verwendung von sozialen Medien vor dem Schlafengehen kann dazu führen, dass Menschen Schwierigkeiten haben einzuschlafen und dadurch weniger erholsamen Schlaf bekommen

4. Abhängigkeit: Einige Menschen können abhängig von sozialen Medien werden, was dazu führen kann, dass sie ihre realen Beziehungen und Verpflichtungen vernachlässigen.

5. FOMO (fear of missing out): die Angst etwas zu verpassen kann dazu führen, dass man sich ständig auf den sozialen Medien aufhält und dadurch weniger Zeit für sich selbst hat

Es ist wichtig, dass Menschen ihre Verwendung von sozialen Medien überwachen und sicherstellen, dass sie ihre mentale Gesundheit nicht beeinträchtigen. Dies kann durch das Setzen von Zeitlimits, das Deaktivieren von

Benachrichtigungen und das Vermeiden von Vergleichen erreicht werden.

Die Rolle von Bewegung und Sport

Bewegung und Sport spielen eine wichtige Rolle in der Aufrechterhaltung der mentalen Gesundheit. Regelmäßige körperliche Aktivität kann dazu beitragen, Stress abzubauen, die Stimmung zu verbessern und das Risiko von Depressionen und Angststörungen zu reduzieren.

Einer der Gründe, warum Bewegung und Sport die mentale Gesundheit verbessern können, ist, dass sie die Ausschüttung von Endorphinen, auch als Glückshormone bekannt, anregen. Diese Hormone können dazu beitragen, die Stimmung zu verbessern und Schmerzen zu lindern. Bewegung kann auch dazu beitragen, dass sich Menschen besser fokussieren und konzentrieren können und es kann helfen, Schlafstörungen zu verringern.

Eine andere Rolle, die Bewegung und Sport in Bezug auf die mentale Gesundheit spielen kann, ist die Förderung von Selbstwertgefühl und Selbstvertrauen. Durch körperliche Aktivität und Sport können Menschen ihre körperliche Fitness verbessern und dadurch ihr Selbstwertgefühl und Selbstvertrauen steigern. Dies kann dazu beitragen, dass sie sich in ihrem Körper wohler fühlen und ihre mentale Widerstandsfähigkeit stärken.

Eine weitere Rolle, die Bewegung und Sport in Bezug auf die mentale Gesundheit spielen kann, ist die Förderung von sozialen Interaktionen und Unterstützung. Viele Menschen treffen sich zum Sport oder zur Bewegung in Gruppen, was dazu beitragen kann, dass sie soziale Beziehungen aufbauen und Unterstützung von anderen erhalten.

Es ist wichtig zu beachten, dass jeder Mensch unterschiedlich auf Bewegung und Sport reagieren kann und dass es keine "eine Größe passt allen" - Lösung gibt. Es ist wichtig, die individuellen Bedürfnisse und Ressourcen jeder Person zu berücksichtigen, um eine effektive Strategie zur Steigerung der mentalen Gesundheit durch Bewegung und Sport zu entwickeln. Einige Menschen können von anstrengenden Sportarten profitieren, während andere eher ruhige Aktivitäten bevorzugen. Es ist wichtig, dass jeder die Art der Bewegung und Sport findet, die ihm am besten gefällt und die er langfristig durchhalten kann.

Es ist auch wichtig, dass Menschen ihre körperlichen Fähigkeiten und Grenzen berücksichtigen und sicherstellen, dass sie sich nicht überfordern. Es ist wichtig, dass die Bewegung und Sport sicher und angemessen sind und dass sie unter Aufsicht eines Arztes oder eines qualifizierten Trainers durchgeführt werden, falls erforderlich.

Insgesamt kann man sagen, dass Bewegung und Sport eine wichtige Rolle in der Aufrechterhaltung der mentalen Gesundheit spielen können. Regelmäßige körperliche Aktivität kann dazu beitragen, Stress abzubauen, die Stimmung zu verbessern und das Risiko von Depressionen und Angststörungen zu reduzieren. Es ist wichtig, die individuellen Bedürfnisse und Ressourcen jeder Person zu berücksichtigen und eine effektive Strategie zur Steigerung der mentalen Gesundheit durch Bewegung und Sport zu entwickeln.

Die Rolle von Finanzen und Geld für die mentale Gesundheit

Finanzen und Geld spielen eine wichtige Rolle in der mentalen Gesundheit, da sie eng mit unserem alltäglichen Leben und unserem Wohlbefinden verbunden sind. Finanzielle Probleme können eine große Belastung für die mentale Gesundheit darstellen und zu Stress, Angst und Depressionen führen.

Einer der Gründe, warum Finanzen und Geld die mentale Gesundheit beeinträchtigen können, ist, dass sie eng mit unseren Grundbedürfnissen wie Wohnen, Ernährung und Gesundheit verbunden sind. Wenn wir uns finanziell unsicher fühlen, kann dies dazu führen, dass wir uns unsicher fühlen, ob wir diese Grundbedürfnisse erfüllen können.

Ein weiterer Grund, warum Finanzen und Geld die mentale Gesundheit beeinträchtigen können, ist, dass sie eng mit unserem Selbstwertgefühl und Selbstvertrauen verbunden sind. Wenn wir uns finanziell unsicher fühlen, kann dies dazu führen, dass wir uns unsicher fühlen, ob wir unsere Ziele und Träume erreichen können.

Finanzielle Probleme können auch dazu führen, dass Menschen sich isolieren und soziale Beziehungen vernachlässigen. Sie können auch dazu führen, dass Menschen ihre Arbeit vernachlässigen und dadurch ihre Karriere und ihre finanzielle Situation weiter verschlechtern.

Es gibt jedoch Schritte, die Menschen unternehmen können, um die Auswirkungen von Finanzen und Geld auf ihre mentale Gesundheit zu reduzieren. Einige dieser Schritte umfassen:

1. Finanzielle Bildung: Es ist wichtig, dass Menschen ihr Finanzwissen erweitern und ihre Finanzen besser verstehen, um besser mit finanziellen Problemen umgehen zu können.

2. Budgetplanung: Ein Budget zu erstellen und zu verfolgen kann dazu beitragen, finanzielle Probleme zu vermeiden und sicherzustellen, dass die Grundbedürfnisse erfüllt werden.

3. Finanzielle Unterstützung suchen: Es ist wichtig, professionelle Hilfe von einem Finanzberater oder

einem Schuldenberater in Anspruch zu nehmen, wenn finanzielle Probleme auftreten.

4. Soziale Unterstützung: Es ist wichtig, soziale Unterstützung von Freunden, Familie und anderen vertrauenswürdigen Personen in Anspruch zu nehmen, um mit den emotionalen Auswirkungen von Finanzen und Geld umgehen zu können.

5. Bewältigungsstrategien entwickeln: Es ist wichtig, gesunde Bewältigungsstrategien wie Entspannungstechniken, Yoga, Mediation und Sport zu entwickeln, um mit Stress und Angst umzugehen.

6. Langfristige Ziele setzen: Es ist wichtig, realistische langfristige Ziele zu setzen, um eine Perspektive zu behalten und sich auf die Zukunft zu konzentrieren

7. Finanzielle Ziele erreichen: Es ist wichtig, konkrete Schritte zu unternehmen, um finanzielle Ziele zu erreichen, wie zum Beispiel Schulden abzubezahlen oder Ersparnisse aufzubauen.

Es ist wichtig zu beachten, dass finanzielle Probleme nicht immer vermieden werden können und dass jeder Mensch unterschiedlich auf Finanzen und Geld reagieren kann. Es ist wichtig, dass Menschen die Ressourcen und Unterstützung in Anspruch nehmen, die sie benötigen, um mit finanziellen Problemen umzugehen und ihre mentale Gesundheit zu schützen.

Die Rolle von Medikamenten

Medikamente und Therapie können eine wichtige Rolle bei der Behandlung von mentalen Gesundheitsproblemen spielen. Sie können helfen, Symptome von Erkrankungen wie Depressionen, Angststörungen und Schizophrenie zu lindern und Menschen dabei unterstützen, ihr Leben wieder in den Griff zu bekommen.

Medikamente werden oft verwendet, um die Symptome von mentalen Gesundheitsproblemen zu lindern. Sie können helfen, die Stimmung zu verbessern, Angstzustände und Unruhe zu reduzieren, Schlafstörungen zu behandeln und Denkprozesse zu verbessern. Es gibt viele verschiedene Arten von Medikamenten, die zur Behandlung von mentalen Gesundheitsproblemen eingesetzt werden, wie z.B. Antidepressiva, Antipsychotika, Anxiolytika und Stimmungsstabilisatoren.

Therapie ist eine weitere wichtige Behandlungsmöglichkeit für mentale Gesundheitsprobleme. Es gibt viele verschiedene Arten von Therapien, die zur Behandlung von mentalen

Gesundheitsproblemen eingesetzt werden, wie z.B. Verhaltenstherapie, kognitive Verhaltenstherapie, tiefenpsychologisch fundierte Therapie und Gruppentherapie. Therapie kann helfen, die Symptome von mentalen Gesundheitsproblemen zu lindern, indem sie Menschen dabei unterstützt, die Ursachen ihrer Probleme zu verstehen und Bewältigungsstrategien zu entwickeln.

Eine Kombination aus Medikamenten und Therapie kann oft am effektivsten sein, um mentalen Gesundheitsproblemen entgegenzuwirken. Medikamente können helfen, die Symptome zu lindern, während Therapie dazu beiträgt, die Ursachen der Probleme zu verstehen und Bewältigungsstrategien zu entwickeln.

Es ist wichtig zu beachten, dass jeder Mensch unterschiedlich auf Medikamente und Therapie reagieren kann und dass es keine "eine Größe passt allen" - Lösung gibt. Es ist wichtig, dass Menschen die Ressourcen und Unterstützung in Anspruch nehmen, die sie benötigen, um ihre mentale Gesundheit zu verbessern und ihre Lebensqualität zu steigern. Es ist auch wichtig, dass Medikamente und Therapie unter Aufsicht eines Arztes oder eines qualifizierten Psychotherapeuten durchgeführt werden und dass regelmäßige Kontrolltermine stattfinden, um die Wirksamkeit der Behandlung zu überwachen und gegebenenfalls Anpassungen vorzunehmen.

Es ist auch wichtig zu erwähnen, dass Medikamente und Therapie nicht die einzigen Optionen sind, um mentale Gesundheitsprobleme zu behandeln. Andere Ansätze wie körperliche Bewegung, ausreichend Schlaf, eine ausgewogene Ernährung, soziale Unterstützung und alternative Therapien wie Yoga oder Akupunktur können ebenfalls helfen, mentalen Gesundheitsproblemen entgegenzuwirken.

Insgesamt kann man sagen, dass Medikamente und Therapie wichtige Behandlungsmöglichkeiten für mentale Gesundheitsprobleme sind, aber es ist wichtig, dass sie in Verbindung mit anderen Ansätzen genommen werden, um die bestmögliche Ergebnisse zu erzielen. Es ist wichtig, dass Menschen die Ressourcen und Unterstützung in Anspruch nehmen, die sie benötigen, um ihre mentale Gesundheit zu verbessern und ihre Lebensqualität zu steigern.

Selbstbewusstsein und Selbstakzeptanz

Selbstbewusstsein und Selbstakzeptanz sind zwei Schlüsselfaktoren für die persönliche Entwicklung und das allgemeine Wohlbefinden. Selbstbewusstsein bezieht sich auf das Verständnis, wer man ist und was man kann, während Selbstakzeptanz bedeutet, dass man sich selbst so akzeptiert, wie man ist, mit allen Stärken und Schwächen.

Ein hohes Selbstbewusstsein kann dazu beitragen, dass man sich sicherer in Bezug auf die eigenen Fähigkeiten und Entscheidungen fühlt und dadurch selbstbewusster handelt. Es kann auch dazu beitragen, dass man seine Ziele und Träume verfolgt und sich besser auf Herausforderungen vorbereitet. Ein niedriges Selbstbewusstsein hingegen kann dazu führen, dass man sich unsicher und unsicher fühlt und dadurch weniger bereit ist, Risiken einzugehen und Herausforderungen anzunehmen.

Selbstakzeptanz bedeutet, dass man sich selbst so akzeptiert, wie man ist, und dass man seine Stärken und Schwächen anerkennt. Dies kann dazu beitragen, dass man sich weniger unter Druck gesetzt fühlt, perfekt zu sein oder andere Erwartungen zu erfüllen. Es kann auch dazu beitragen, dass man sich besser mit sich selbst und anderen Menschen verbindet, da man sich nicht mehr so sehr darum bemüht, anderen gefallen zu wollen. Eine niedrige Selbstakzeptanz hingegen kann dazu führen, dass man sich selbst kritisiert und unzufrieden mit sich selbst ist und dadurch weniger glücklich und zufrieden im Leben ist.

Es gibt verschiedene Möglichkeiten, um das Selbstbewusstsein und die Selbstakzeptanz zu fördern. Eine Möglichkeit besteht darin, sich auf die eigenen Stärken und Erfolge zu konzentrieren und sich für diese zu loben anstatt sich auf Schwächen oder Fehler zu konzentrieren. Es kann auch hilfreich sein, positive Selbstgespräche zu führen und sich selbst ermutigende Botschaften zu senden.

Eine weitere Möglichkeit besteht darin, sich mit anderen Menschen zu umgeben, die uns unterstützend und ermutigend sind und uns dabei helfen, uns selbst besser zu verstehen und zu akzeptieren. Es kann auch hilfreich sein, sich mit Menschen zu umgeben, die uns als Vorbilder dienen und die uns inspirieren, uns weiterzuentwickeln und unsere Ziele zu erreichen.

Eine weitere Möglichkeit, um das Selbstbewusstsein und die Selbstakzeptanz zu fördern, besteht darin, neue Erfahrungen zu machen und Herausforderungen anzunehmen. Durch das Erlernen neuer Fähigkeiten und das Meistern neuer Aufgaben kann man sein Selbstvertrauen und die Selbstakzeptanz stärken.

Es ist wichtig zu beachten, dass Selbstbewusstsein und Selbstakzeptanz ein ständiger Prozess sind und dass es normal ist, dass sie sich im Laufe der Zeit verändern. Es ist wichtig, sich regelmäßig Zeit zu nehmen, um sich selbst zu reflektieren und zu überprüfen, ob man auf dem richtigen Weg ist, um sein Selbstbewusstsein und seine Selbstakzeptanz zu stärken.

Abschließend, Selbstbewusstsein und Selbstakzeptanz sind zwei wichtige Faktoren für die persönliche Entwicklung und das allgemeine Wohlbefinden. Ein hohes Selbstbewusstsein und eine hohe Selbstakzeptanz können dazu beitragen, dass man sich sicherer in Bezug auf die eigenen Fähigkeiten und Entscheidungen fühlt, seine Ziele und Träume verfolgt und sich besser auf Herausforderungen vorbereitet. Es gibt verschiedene Möglichkeiten, um das Selbstbewusstsein und die Selbstakzeptanz zu fördern, wie zum Beispiel sich auf die eigenen Stärken und Erfolge konzentrieren, positive Selbstgespräche führen, sich mit unterstützenden und ermutigenden Menschen umgeben, neue Erfahrungen machen und Herausforderungen annehmen. Es ist wichtig, sich regelmäßig Zeit zu nehmen, um sich selbst zu reflektieren und sicherzustellen, dass man auf dem richtigen Weg ist, um sein Selbstbewusstsein und seine Selbstakzeptanz zu stärken.

Ziele und Visionen

Ziele und Visionen für die Persönlichkeitsentwicklung sind wichtig, da sie uns helfen, uns selbst besser zu verstehen und uns in die Richtung zu bewegen, die wir uns wünschen. Ein klares Verständnis darüber, was man erreichen möchte, hilft dabei, die notwendigen Schritte zu identifizieren und zu planen, um diese Ziele zu erreichen.

Ein erster Schritt bei der Entwicklung von Zielen und Visionen für die Persönlichkeitsentwicklung ist die Selbstreflexion. Dies kann durch das Schreiben von Tagebüchern oder das Führen von Gesprächen mit Freunden oder Vertrauten erreicht werden. Durch die Selbstreflexion kann man erkennen, welche Aspekte der eigenen Persönlichkeit man verbessern möchte und in welchen Bereichen man sich entwickeln will.

Ein weiterer wichtiger Schritt ist die Formulierung konkreter Ziele. Diese sollten spezifisch, messbar, erreichbar, relevant und zeitlich begrenzt sein. Ein Beispiel für ein konkretes Ziel könnte sein: "Ich möchte in den nächsten 6 Monaten meine Kommunikationsfähigkeiten verbessern, indem ich an einem Kommunikationskurs teilnehme und mindestens einmal pro Woche eine Präsentation halte."

Eine Vision für die Persönlichkeitsentwicklung hingegen beschreibt, wie man sich in der Zukunft sieht und welche Art von Person man sein möchte. Ein Beispiel für eine Vision könnte sein: "Ich möchte in 10 Jahren eine selbstbewusste und selbstbestimmte Person sein, die ihre Träume verfolgt und ihre Ziele erreicht."

Um die Ziele und Visionen für die Persönlichkeitsentwicklung zu erreichen, ist es wichtig, konkrete Schritte zu planen und diese auch umzusetzen. Dies kann durch das Setzen von Meilensteinen, das Festlegen von Deadlines und das regelmäßige Überprüfen des Fortschritts erreicht werden.

Es ist auch wichtig, sich Unterstützung zu suchen, sei es durch Freunde, Familie, Mentoren oder Therapeuten. Dies kann helfen, motiviert zu bleiben, Rückschläge zu überwinden und sich gegenseitig zu ermutigen und zu inspirieren.

In Bezug auf die Persönlichkeitsentwicklung gibt es viele Bereiche, in denen man sich verbessern kann. Einige Beispiele können sein:

- Selbstbewusstsein: Arbeit an der eigenen Selbstwahrnehmung und -akzeptanz, um ein stärkeres Selbstbewusstsein zu entwickeln

- Kommunikation: Verbesserung der Fähigkeit, effektiv und authentisch mit anderen zu kommunizieren

- Führung: Entwicklung von Führungsqualitäten, um in beruflichen und persönlichen Beziehungen erfolgreich zu sein

- Emotionale Intelligenz: Arbeit an der Fähigkeit, eigene und fremde Emotionen erfolgreich zu verstehen und zu regulieren

- Kreativität: Entfaltung der eigenen kreativen Fähigkeiten und der Förderung der Innovation

- Zeitmanagement: Entwicklung von Techniken, um die eigene Zeit effektiver und produktiver zu nutzen

- Problemlösung: Verbesserung der Fähigkeit, Probleme zu identifizieren, zu analysieren und zu lösen

- Stressbewältigung: Entwicklung von Techniken zur Bewältigung von Stress und zur Erhaltung der emotionalen Gesundheit

Es ist wichtig zu beachten, dass die Persönlichkeitsentwicklung ein fortlaufender Prozess ist und dass es normal ist, Rückschläge zu erleben. Es ist wichtig, geduldig mit sich selbst zu sein und sich daran zu erinnern, dass Veränderungen Zeit brauchen.

In Schluss kann man sagen, dass Ziele und Visionen für die Persönlichkeitsentwicklung uns helfen, uns selbst besser zu verstehen und uns in die Richtung zu bewegen, die wir uns wünschen. Ein klares Verständnis darüber, was man erreichen möchte, hilft dabei, die notwendigen Schritte zu identifizieren und zu planen, um diese Ziele zu erreichen. Es ist wichtig, sich Zeit zu nehmen, um zu reflektieren, Ziele zu formulieren, Schritte zu planen und sich Unterstützung zu suchen, um die Ziele erreichen zu können.

Ein weiterer wichtiger Aspekt der Persönlichkeitsentwicklung ist die kontinuierliche Lernbereitschaft. Dies bedeutet, dass man offen für neue Erfahrungen und Lernmöglichkeiten bleibt und bereit ist, sich ständig weiterzuentwickeln und zu verbessern. Dies kann durch das Lesen von Büchern, das Zuhören von Podcasts, das Besuchen von Seminaren oder das Einbeziehen von Mentoren erreicht werden.

Es ist auch wichtig, sich realistische Ziele zu setzen und sich darauf zu konzentrieren, Fortschritte zu machen, anstatt perfekt zu sein. Es ist in Ordnung, Fehler zu machen und Rückschläge zu erleben, da dies Teil des Lern- und Wachstumsprozesses ist.

Ein weiterer wichtiger Aspekt ist die Ausrichtung der Ziele und Visionen an den eigenen Werten und Prinzipien. Es ist wichtig, sicherzustellen, dass die Ziele, die man verfolgt, in Einklang mit den eigenen Werten und Prinzipien stehen, da dies dazu beiträgt, dass man sich erfüllt und erfüllt fühlt.

Abschließend kann man sagen, dass die Persönlichkeitsentwicklung ein wichtiger und lebenslanger Prozess ist, der dazu beiträgt, dass man sich selbst besser versteht und in die Richtung bewegt, die man sich wünscht. Durch die Setzung von konkreten Zielen, die kontinuierliche Selbstreflexion, die Suche nach Unterstützung und die Bereitschaft, sich ständig weiterzuentwickeln, kann man Fortschritte erzielen und seine Visionen verwirklichen.

Zeitmanagement für die Persönlichkeitsentwicklung

Zeitmanagement ist ein wichtiger Aspekt der Persönlichkeitsentwicklung, da es uns ermöglicht, unsere Zeit effektiv zu nutzen und uns auf die Dinge zu konzentrieren, die uns wirklich wichtig sind. Ein gutes Zeitmanagement ermöglicht es uns, unsere Ziele und Visionen zu verfolgen, uns persönlich und beruflich zu entwickeln und ein erfülltes Leben zu führen.

Ein erster Schritt beim Zeitmanagement für die Persönlichkeitsentwicklung ist die Identifizierung der wichtigsten Aufgaben. Dies kann durch das Schreiben einer To-Do-Liste oder das Führen eines Zeitplans erreicht werden. Es ist wichtig, sicherzustellen, dass die Aufgaben, die man sich vornimmt, tatsächlich relevant für die eigenen Ziele und Visionen sind und dass sie nicht nur Zeitverschwendung darstellen.

Ein weiterer wichtiger Schritt ist die Priorisierung der Aufgaben. Dies bedeutet, dass man die Aufgaben nach Wichtigkeit sortiert und sich zuerst den wichtigsten Aufgaben widmet. Dies kann durch das Eisenhower-Prinzip erreicht werden, bei dem man Aufgaben in vier

Kategorien einteilt: dringend und wichtig, wichtig aber nicht dringend, dringend aber nicht wichtig und weder dringend noch wichtig.

Es ist auch wichtig, sich realistische Zeitpläne zu setzen und sich klare Deadlines zu geben. Dies hilft dabei, den Fokus zu behalten und dafür zu sorgen, dass die Aufgaben rechtzeitig erledigt werden. Ein weiterer wichtiger Aspekt ist das Setzen von Meilensteinen, um den Fortschritt bei der Erreichung der Ziele und Visionen zu verfolgen.

Ein weiterer wichtiger Aspekt des Zeitmanagements für die Persönlichkeitsentwicklung ist die Fähigkeit, Zeitverschwendung zu minimieren. Dies kann durch das Vermeiden von Ablenkungen, wie zum Beispiel soziale Medien, das Delegieren von Aufgaben oder das Automatisieren von Aufgaben erreicht werden. Es ist auch wichtig, regelmäßig Pausen einzulegen, um die eigene Produktivität und die mentale Gesundheit aufrechtzuerhalten.

Persönlichkeitsentwicklung ist. Es ermöglicht uns, unsere Zeit effektiv zu nutzen und uns auf die Dinge zu konzentrieren, die uns wirklich wichtig sind. Ein gutes

Zeitmanagement ermöglicht es uns, unsere Ziele und Visionen zu verfolgen, uns persönlich und beruflich zu entwickeln und ein erfülltes Leben zu führen.

Ein weiterer Aspekt des Zeitmanagements für die Persönlichkeitsentwicklung ist die Förderung der Selbstdisziplin. Dies bedeutet, dass man die Fähigkeit entwickelt, sich selbst dazu zu bringen, die notwendigen Aufgaben zu erledigen, auch wenn man keine Lust dazu hat. Dies kann durch das Setzen von kleinen Zielen und Belohnungen erreicht werden, um sich selbst zu motivieren.

Es ist auch wichtig, sich flexibel zu sein und bereit zu sein, die Pläne zu ändern, wenn sich die Umstände ändern. Dies bedeutet, dass man die Fähigkeit entwickelt, schnell auf Veränderungen zu reagieren und seine Pläne anzupassen, um sicherzustellen, dass man immer auf Kurs bleibt, um seine Ziele und Visionen zu erreichen.

Ein weiterer Aspekt ist die Förderung der Konzentration und der Fokussierung. Dies bedeutet, dass man die Fähigkeit entwickelt, sich auf eine Aufgabe zu konzentrieren und ablenkende Gedanken und Gefühle zu ignorieren. Dies kann durch Techniken wie das Praktizieren von Meditation oder das Verwenden von Zeit-Tracking-Tools erreicht werden.

Abschließend kann man sagen, dass Zeitmanagement ein wichtiger Aspekt der Persönlichkeitsentwicklung ist, der uns dabei hilft, unsere Zeit effektiv zu nutzen, unsere Ziele und Visionen zu verfolgen und uns persönlich und beruflich zu entwickeln. Durch die Identifizierung der wichtigsten Aufgaben, die Priorisierung der Aufgaben, das Setzen von realistischen Zeitplänen und Deadlines, das Minimieren von Zeitverschwendung und die Förderung der Selbstdisziplin, Konzentration und Fokussierung, kann man Fortschritte erzielen und seine Ziele erreichen.

Kommunikation und Konfliktlösung

Kommunikation und Konfliktlösung sind wichtige Aspekte der Persönlichkeitsentwicklung, da sie uns helfen, erfolgreich in persönlichen und beruflichen Beziehungen zu sein. Eine gute Kommunikation ermöglicht es uns, unsere Gedanken und Gefühle klar auszudrücken und zu verstehen, was die andere Person sagt, während die Fähigkeit zur Konfliktlösung uns dabei hilft, Probleme erfolgreich zu lösen und Beziehungen aufrechtzuerhalten.

Ein erster Schritt bei der Entwicklung von Kommunikations- und Konfliktlösungsfähigkeiten ist die Selbstreflexion. Dies bedeutet, dass man sich bewusst wird, wie man kommuniziert und wie man auf Konflikte reagiert. Durch die Selbstreflexion kann man erkennen, wo es Verbesserungspotential gibt und welche Verhaltensweisen geändert werden müssen.

Ein weiterer wichtiger Schritt ist die Entwicklung von aktivem Zuhören. Dies bedeutet, dass man sich

bewusst auf die Worte und Gefühle der anderen Person konzentriert, ohne zu unterbrechen oder die

Aufmerksamkeit abzulenken. Durch aktives Zuhören kann man besser verstehen, was die andere Person sagt und wie sie sich fühlt, was dazu beiträgt, die Kommunikation zu verbessern und Konflikte zu vermeiden.

Ein weiterer wichtiger Aspekt ist die Entwicklung von assertiver Kommunikation. Dies bedeutet, dass man die eigenen Bedürfnisse und Gefühle klar und respektvoll ausdrückt, ohne andere zu verletzen oder zu unterdrücken. Assertive Kommunikation ermöglicht es uns, unsere Meinungen und Gedanken auszudrücken, ohne uns selbst zu opfern und hilft uns unsere Bedürfnisse und Wünsche besser durchzusetzen.

In Bezug auf die Konfliktlösung ist es wichtig, Techniken zur Problemanalyse und -lösung zu entwickeln. Dies bedeutet, dass man die Fähigkeit entwickelt, Probleme zu identifizieren, zu analysieren und zu lösen. Dies kann durch die Verwendung von Methoden wie der Gewaltfreien Kommunikation oder dem "Win-Win"-Ansatz erreicht werden, bei dem alle Beteiligten ihre Bedürfnisse und Wünsche erfüllt sehen.

Ein weiterer wichtiger Aspekt der Konfliktlösung ist die Fähigkeit, Empathie zu zeigen. Dies bedeutet, dass man in der Lage ist, sich in die Lage der anderen Person zu versetzen und zu verstehen, wie sie sich fühlt und warum sie so handelt. Durch Empathie kann man die Perspektive der anderen Person besser verstehen und eine Lösung finden, die für alle Beteiligten akzeptabel ist.

Es ist auch wichtig, konstruktive Lösungen zu finden, anstatt sich auf Schuldzuweisungen oder Vorwürfe zu konzentrieren. Dies bedeutet, dass man sich auf die Lösung des Problems konzentriert und nicht darauf, wer schuld ist. Durch die Suche nach konstruktiven Lösungen kann man Probleme effektiver lösen und Beziehungen aufrechterhalten.

Ein weiterer wichtiger Aspekt ist die Fähigkeit, Feedback zu geben und zu empfangen. Dies bedeutet, dass man in der Lage ist, konstruktives Feedback zu geben, um die andere Person zu unterstützen und zu verbessern, sowie auf Feedback von anderen Personen offen und ehrlich zu reagieren. Durch die Fähigkeit, Feedback zu geben und zu empfangen, kann man die Kommunikation und Konfliktlösung verbessern und Beziehungen aufbauen.

Abschließend kann man sagen, dass Kommunikation und Konfliktlösung wichtige Aspekte der Persönlichkeitsentwicklung sind, die uns helfen, erfolgreich in persönlichen und beruflichen Beziehungen zu sein. Durch die Selbstreflexion, die Entwicklung von aktivem Zuhören, assertiver Kommunikation und Techniken zur Problemanalyse und -lösung kann man Fortschritte erzielen und seine Beziehungen verbessern. Es ist wichtig regelmäßig zu üben und sich Unterstützung von anderen zu suchen, um die Fähigkeiten zu verbessern und zu vertiefen.

Führung und Entscheidungsfindung

Führung und Entscheidungsfindung sind wichtige Aspekte der Persönlichkeitsentwicklung, da sie uns helfen, erfolgreich in persönlichen und beruflichen Beziehungen zu sein. Eine gute Führung ermöglicht es uns, andere Menschen zu inspirieren und zu motivieren, während die Fähigkeit zur Entscheidungsfindung uns dabei hilft, Probleme erfolgreich zu lösen und unsere Ziele zu erreichen.

Ein erster Schritt bei der Entwicklung von Führungs- und Entscheidungsfähigkeiten ist die Selbstreflexion. Dies bedeutet, dass man sich bewusst wird, wie man führt und Entscheidungen trifft. Durch die Selbstreflexion kann man erkennen, wo es Verbesserungspotential gibt und welche Verhaltensweisen geändert werden müssen.

Ein weiterer wichtiger Schritt ist die Entwicklung von Visionen und Zielen. Eine klare Vision und konkrete Ziele geben eine Richtung vor und helfen uns, uns auf das Wesentliche zu konzentrieren. Es ist wichtig, dass die Ziele und Visionen realistisch sind und dass sie die

Interessen und Bedürfnisse aller Beteiligten berücksichtigen.

Ein weiterer wichtiger Aspekt der Führung ist die Fähigkeit, andere Menschen zu inspirieren und zu motivieren. Dies bedeutet, dass man in der Lage ist, andere Menschen dazu zu bringen, ihr Bestes zu geben und ihre Ziele zu erreichen. Dies kann durch die Verwendung von Techniken wie der positiven Kommunikation oder der Schaffung von Anreizen erreicht werden.

In Bezug auf die Entscheidungsfindung ist es wichtig, verschiedene Perspektiven zu berücksichtigen und alle Optionen sorgfältig zu analysieren. Dies bedeutet, dass man die Fähigkeit entwickelt, Pro- und Contra-Argumente zu berücksichtigen und die möglichen Auswirkungen einer Entscheidung auf die verschiedenen Beteiligten zu bewerten. Es ist auch wichtig, schnell und entschlossen zu handeln, sobald eine Entscheidung getroffen wurde, um sicherzustellen, dass die Umsetzung reibungslos verläuft.

Ein weiterer wichtiger Aspekt der Entscheidungsfindung ist die Fähigkeit, Risiken einzuschätzen. Dies bedeutet, dass man die möglichen Auswirkungen einer

Entscheidung auf die verschiedenen Beteiligten und die Organisation insgesamt einschätzt und das Risiko-Nutzen-Verhältnis abwägt, um sicherzustellen, dass die Entscheidung wohlüberlegt ist.

Ein weiterer wichtiger Aspekt der Führung ist die Fähigkeit zur Delegation. Dies bedeutet, dass man die Verantwortung für Aufgaben und Projekte an andere Personen übergibt, um die Arbeitsbelastung zu verringern und die Leistung und Entwicklung der Mitarbeiter zu fördern. Eine erfolgreiche Delegation erfordert die Fähigkeit, Aufgaben an die richtigen Personen zu delegieren, klare Anweisungen und Erwartungen zu definieren und die Fortschritte zu überwachen.

Ein weiterer Aspekt der Führung ist die Fähigkeit zur Kritik und Feedback. Dies bedeutet, dass man in der Lage ist, sich selbst und andere konstruktiv zu kritisieren und Feedback zu geben, um die Leistung und Entwicklung zu fördern. Dies erfordert die Fähigkeit, sachlich und respektvoll zu kritisieren und Feedback zu geben, sowie die Bereitschaft, das eigene Verhalten zu reflektieren und zu verbessern.

In Bezug auf die Entscheidungsfindung ist es wichtig, eine gute Problemlösungsstrategie zu entwickeln. Dies bedeutet, dass man in der Lage ist, Probleme systematisch zu identifizieren, zu analysieren und zu lösen, indem man verschiedene Lösungsansätze betrachtet und die Auswirkungen jeder Option abwägt. Eine gute Problemlösungsstrategie erfordert auch die Fähigkeit, Daten und Informationen zu sammeln, zu analysieren und zu interpretieren, sowie die Fähigkeit, Entscheidungen unter unsicheren Umständen zu treffen.

Abschließend kann man sagen, dass Führung und Entscheidungsfindung wichtige Aspekte der Persönlichkeitsentwicklung sind, die uns helfen, erfolgreich in persönlichen und beruflichen Beziehungen zu sein. Durch die Entwicklung von Selbstreflexion, der Schaffung von Visionen und Zielen, der Fähigkeit zur Inspiration und Motivation, Analyse von verschiedenen Perspektiven, Einschätzung von Risiken, Delegation, Kritik und Feedback geben und Problemlösungsstrategie sowie regelmäßiges Üben, kann man Fortschritte erzielen und seine Führungs- und Entscheidungsfähigkeiten verbessern.

Beziehungen und Interaktion mit anderen

Beziehungen und Interaktionen mit anderen Menschen sind für die Persönlichkeitsentwicklung von großer Bedeutung. Sie ermöglichen es uns, uns selbst und andere besser kennenzulernen, unsere Fähigkeiten zu verbessern und uns in die Gesellschaft einzubringen.

In frühen Phasen der Entwicklung bauen Kinder erste Beziehungen zu ihren Eltern und Geschwistern auf. Diese Beziehungen dienen als Grundlage für zukünftige Beziehungen und beeinflussen die Art und Weise, wie das Kind sich selbst und andere wahrnimmt. Eltern, die ihre Kinder liebevoll und fürsorglich erziehen, fördern ein positives Selbstbild und das Vertrauen in die eigenen Fähigkeiten. Kinder, die hingegen von kritischen oder unterstützungslosen Eltern aufgewachsen sind, haben häufig Probleme beim Aufbau von Beziehungen und haben Schwierigkeiten, ihre eigenen Bedürfnisse und Gefühle wahrzunehmen.

Im Laufe der Schulzeit und im Erwachsenenalter tritt das soziale Umfeld in den Vordergrund. Freundschaften und romantische Beziehungen werden gebildet und können dazu beitragen, dass eine Person ihre sozialen Fähigkeiten verbessert und ihr Selbstbewusstsein stärkt. Beziehungen, die unterstützend und positiv sind, können uns helfen, Stress abzubauen und uns emotional zu stabilisieren. Sie können uns auch dabei helfen, uns selbst besser zu verstehen und uns dabei unterstützen, unsere Ziele und Träume zu verfolgen.

Andererseits können negative Beziehungen, wie zum Beispiel eine toxische Freundschaft oder eine destruktive romantische Beziehung, unsere Persönlichkeit beeinträchtigen und uns daran hindern, uns vollständig zu entwickeln. Sie können uns dazu bringen, uns selbst zu verleugnen und uns von unseren Werten und Zielen zu entfernen. In solchen Situationen ist es wichtig, sich von negativen Einflüssen zu distanzieren und sich um Unterstützung von Freunden, Familie oder professioneller Hilfe zu bemühen.

Insgesamt sind Beziehungen und Interaktionen mit anderen Menschen von entscheidender Bedeutung für unsere Persönlichkeitsentwicklung. Sie bieten uns die Möglichkeit um, uns selbst und andere besser kennenzulernen, unsere sozialen Fähigkeiten zu verbessern und uns emotional zu stabilisieren. Um unsere Beziehungen und Interaktionen erfolgreich zu gestalten und unsere Persönlichkeitsentwicklung zu fördern, gibt es einige Schritte, die man unternehmen kann:

1. Reflektieren Sie über Ihre Beziehungen: Überprüfen Sie regelmäßig, welche Beziehungen in Ihrem Leben positiv und welche negativ sind. Fragen Sie sich, ob es Menschen gibt, von denen Sie sich distanzieren sollten, oder ob es Beziehungen gibt, die Sie stärken möchten.

2. Setzen Sie klare Grenzen: Lernen Sie, klare Grenzen zu setzen, um sicherzustellen, dass Sie sich in Ihren Beziehungen wohl fühlen. Sagen Sie "Nein" zu Dingen, die Sie nicht wollen, und fordern Sie die Anerkennung Ihrer Bedürfnisse und Gefühle.

3. Kommunizieren Sie effektiv: Eine gute Kommunikation ist der Schlüssel zu erfolgreichen Beziehungen. Lernen Sie, Ihre Gedanken und

Gefühle klar auszudrücken und auf die Kommunikation anderer achtsam zu reagieren.

4. Seien Sie authentisch: Versuchen Sie nicht, jemand anderes zu sein, um in eine Beziehung zu passen. Seien Sie authentisch und true to yourself, das wird langfristig die besten Beziehungen bringen.

5. Seien Sie offen für Veränderungen: Veränderungen sind ein natürlicher Teil des Lebens und es ist wichtig, offen dafür zu sein. Seien Sie bereit, Ihre Beziehungen anzupassen, wenn sich Ihre Bedürfnisse oder die Bedürfnisse der anderen Person ändern.

6. Suchen Sie Unterstützung: Wenn Sie Schwierigkeiten haben, Ihre Beziehungen zu verbessern, suchen Sie Unterstützung von Freunden, Familie oder einem Therapeuten. Sie können Ihnen dabei helfen, Ihre Perspektive zu ändern und Ihnen bei der Entwicklung von Lösungen zu helfen.

Indem Sie diese Schritte befolgen, können Sie Ihre Beziehungen und Interaktionen verbessern und Ihre Persönlichkeitsentwicklung fördern. Es ist wichtig, sich daran zu erinnern, dass die Entwicklung der Persönlichkeit ein ständiger Prozess ist und dass es immer Raum für Wachstum und Veränderung gibt. Es ist auch wichtig, sich daran zu erinnern, dass jede Beziehung einzigartig ist und dass es keine perfekte Formel gibt, um sie erfolgreich zu gestalten. Jeder Mensch hat seine eigenen Bedürfnisse und Wünsche und es ist wichtig, diese zu respektieren und zu berücksichtigen.

Ein weiterer wichtiger Faktor für die Persönlichkeitsentwicklung ist die Fähigkeit, Feedback zu geben und zu empfangen. Es ist wichtig, dass Sie in der Lage sind, konstruktives Feedback von anderen zu empfangen und darauf zu reagieren. Es ermöglicht Ihnen, Ihre Fehler zu erkennen und daran zu arbeiten, um sie zu verbessern. Es ermöglicht es auch anderen, ihre Meinung und Perspektive zu teilen und Ihnen zu helfen, Ihre Beziehungen und Interaktionen zu verbessern.

Insgesamt ist die Entwicklung von Beziehungen und Interaktionen ein wichtiger Teil der Persönlichkeitsentwicklung. Sie ermöglichen es uns, uns selbst und andere besser kennenzulernen, unsere sozialen Fähigkeiten zu verbessern und uns emotional zu stabilisieren. Indem man sich bewusst mit seinen Beziehungen auseinandersetzt, klare Grenzen setzt, effektiv kommuniziert, authentisch bleibt, offen für Veränderungen ist und Unterstützung sucht, kann man seine Beziehungen und Interaktionen verbessern und somit seine Persönlichkeitsentwicklung fördern.

Selbstmotivation und Durchhaltevermögen

Selbstmotivation und Durchhaltevermögen sind zwei Schlüsselfaktoren, die für den Erfolg im Leben unerlässlich sind. Sie ermöglichen es uns, unsere Ziele und Träume zu verfolgen und Hindernisse zu überwinden, die uns daran hindern könnten, sie zu erreichen.

Selbstmotivation bezieht sich auf die Fähigkeit, uns selbst dazu zu bringen, bestimmte Aufgaben oder Ziele zu erreichen, ohne dass es von außen notwendig ist. Es ist die Kraft, die uns antreibt, uns auf unser Ziel zu konzentrieren und uns durch die Herausforderungen zu arbeiten, die auf dem Weg dorthin auftreten können. Selbstmotivation kann aus verschiedenen Quellen stammen, wie z.B. persönlichen Werten, Interessen, Zielen oder sogar aus der Freude an der Herausforderung selbst.

Ein wichtiger Bestandteil der Selbstmotivation ist die Fähigkeit, Ziele zu setzen. Ziele geben uns eine klare Richtung und helfen uns, unsere Anstrengungen zu fokussieren. Es ist wichtig, realistische Ziele zu setzen, die erreichbar und messbar sind, um sicherzustellen, dass wir Erfolgserlebnisse haben und uns motiviert bleiben. Ein weiterer wichtiger Faktor ist die Fähigkeit, Rückschläge und Fehler zu akzeptieren und aus ihnen zu lernen, anstatt aufzugeben.

Das Durchhaltevermögen, auch bekannt als Ausdauer, bezieht sich auf die Fähigkeit, an etwas festzuhalten und durchzuhalten, auch wenn es schwierig wird. Es ermöglicht es uns, unsere Ziele und Träume zu verfolgen, auch wenn es Herausforderungen gibt und es uns schwer fällt, uns motiviert zu halten. Ein wichtiger Bestandteil des Durchhaltevermögens ist die Fähigkeit, uns selbst zu disziplinieren und uns dazu zu bringen, unsere Aufgaben durchzuführen, auch wenn wir keine Lust haben.

Es gibt verschiedene Möglichkeiten, um unsere Selbstmotivation und unser Durchhaltevermögen zu steigern. Einige Tipps können sein:

- Setzen sich klare, realistische und messbare Ziele

- Brechen Sie große Ziele in kleinere Schritte auf, um sie erreichbar zu machen

- Feiern Sie Erfolge und lernen Sie aus Rückschläge

- Umgeben Sie sich mit positiven Menschen, die Ihre Ziele unterstütze

- Belohnen Sie sich für erreichte Ziele

- Machen Sie sich bewusst, warum Ihr Ziel wichtig für Sie ist und wie es Ihr Leben verbessern wird

- Halten Sie sich an einen Zeitplan und disziplinieren Sie sich selbst, um Aufgaben durchzuführen

- Finden Sie eine Tätigkeit, die Sie genießen und die Ihnen hilft, sich motiviert zu fühlen

- Entwickeln Sie eine positive Einstellung und sehen Sie Schwierigkeiten als Herausforderungen und Chancen zum Lernen und Wachsen.

Es ist wichtig zu beachten, dass Selbstmotivation und Durchhaltevermögen nicht immer konstant sind und dass es Phasen geben kann, in denen es schwierig ist, sich motiviert zu fühlen oder durchzuhalten. Es ist jedoch wichtig, in diesen Momenten nicht aufzugeben, sondern weiterhin an sich zu arbeiten und sich selbst zu ermutigen.

In Zusammenfassung ist Selbstmotivation und Durchhaltevermögen von entscheidender Bedeutung für den Erfolg im Leben. Sie ermöglichen es uns, unsere Ziele und Träume zu verfolgen und Hindernisse zu überwinden, die uns daran hindern könnten, sie zu erreichen. Es gibt verschiedene Möglichkeiten, um unsere Selbstmotivation und unser Durchhaltevermögen zu steigern, wie zum Beispiel das Setzen von realistischen Zielen, das Feiern von Erfolgen und das Umgeben von positiven Menschen. Es ist wichtig, sich daran zu erinnern, dass Selbstmotivation und Durchhaltevermögen nicht immer konstant sind und dass es Phasen geben kann, in denen es schwierig ist, sich motiviert zu fühlen oder durchzuhalten, aber es ist wichtig, in diesen Momenten nicht aufzugeben.

Stress und Durchhaltevermögen

Stress und Durchhaltevermögen sind eng miteinander verbunden und beeinflussen sich gegenseitig. Stress kann uns daran hindern, unsere Ziele und Träume zu verfolgen und unser Durchhaltevermögen zu testen. Auf der anderen Seite kann ein starkes Durchhaltevermögen uns helfen, mit Stress umzugehen und ihn zu überwinden.

Stress ist eine normale Reaktion des Körpers auf Herausforderungen oder Bedrohungen. Es kann jedoch zu Problemen führen, wenn es chronisch wird und nicht richtig bewältigt wird. Chronischer Stress kann zu körperlichen und psychischen Problemen führen, wie z.B. Herz-Kreislauf-Erkrankungen, Depressionen oder Angststörungen.

Eine wichtige Fähigkeit, um mit Stress umzugehen, ist die Stressbewältigung. Es beinhaltet die Anwendung von Techniken und Strategien, um mit belastenden Situationen umzugehen und den Stress zu reduzieren. Einige Beispiele für Stressbewältigungstechniken sind:

- Progressive Muskelentspannung

- Atemübungen

- Yoga oder Meditation

- Zeit mit Freunden und Familie verbringen

- Sport treiben oder regelmäßig Bewegung

- Sich ausreichend ausruhen und Schlafen

- Eine gesunde Ernährung und Vermeidung von Zigaretten, Alkohol und Drogen

- Zeit für Hobbys und Aktivitäten, die Freude bereiten

- Lernen, klare Grenzen zu setzen und "nein" zu sagen, wenn es notwendig ist

Ein weiterer wichtiger Faktor für die Stressbewältigung ist die Fähigkeit, negative Gedankenmuster zu erkennen und zu verändern. Dies beinhaltet das Erkennen von negativen Gedanken, die Stress verursachen können, wie z.B. die Verallgemeinerung von Ereignissen oder die Übertreibung von Problemen, und sie durch realistischere Gedanken zu ersetzen.

Das Durchhaltevermögen, auch bekannt als Ausdauer, spielt eine wichtige Rolle bei der Bewältigung von Stress. Es ermöglicht es uns, an etwas festzuhalten und durchzuhalten, auch wenn es schwierig wird. Durchhaltevermögen kann uns helfen, uns auf unsere Ziele zu konzentrieren und uns durch schwierige Situationen zu arbeiten, anstatt aufzugeben. Einige Möglichkeiten, um das Durchhaltevermögen zu stärken, sind:

- Setzen von realistischen Zielen

- Aufbau von Routine und Disziplin

- Lernen, Rückschläge als Teil des Lernprozesses anzusehen

- Aufbau von Selbstvertrauen und einer positiven Einstellung

- Umgeben mit positiven Menschen, die uns unterstützen und ermutigen

Insgesamt ist es wichtig, sowohl die Stressbewältigung als auch das Durchhaltevermögen zu entwickeln, um erfolgreich mit Herausforderungen und Belastungen umzugehen. Indem man sich bewusst mit Stress umgeht, realistische Ziele setzt, negative Gedankenmuster erkennt und verändert, sowie das Durchhaltevermögen stärkt, kann man seine Fähigkeit verbessern, mit Stress umzugehen und erfolgreich Ziele zu erreichen.

Fitness und Gesundheit

Körperliche Fitness und Gesundheit spielen eine entscheidende Rolle bei der Persönlichkeitsentwicklung. Ein gesunder Körper trägt dazu bei, dass man sich besser fühlt und mehr Selbstvertrauen hat. Es gibt viele Möglichkeiten, körperliche Fitness und Gesundheit zu verbessern, wie zum Beispiel regelmäßiges Ausdauertraining, Krafttraining und gesunde Ernährung.

Ausdauertraining hilft dabei, die Herz-Kreislauf-Gesundheit zu verbessern und die Ausdauer zu erhöhen. Es kann durch Aktivitäten wie Joggen, Radfahren oder Schwimmen erreicht werden. Regelmäßiges Ausdauertraining kann dazu beitragen, das Risiko von Herz-Kreislauf-Erkrankungen zu senken und die allgemeine körperliche Fitness zu verbessern.

Krafttraining hilft dabei, die Muskelkraft und -masse zu erhöhen. Es kann durch Gewichtheben oder andere Übungen, die Widerstand bieten, erreicht werden. Krafttraining kann dazu beitragen, die Knochenstärke zu erhöhen und das Risiko von Verletzungen zu senken.

Gesunde Ernährung ist ein wichtiger Bestandteil der körperlichen Fitness und Gesundheit. Es ist wichtig, ausreichend Nährstoffe aufzunehmen, um den Körper mit den benötigten Nährstoffen zu versorgen. Eine ausgewogene Ernährung, die reich an Obst, Gemüse, Vollkornprodukten und magerem Protein ist, kann dazu beitragen, das Risiko von chronischen Erkrankungen zu senken und das allgemeine Wohlbefinden zu verbessern.

In Bezug auf die Persönlichkeitsentwicklung kann regelmäßige körperliche Aktivität auch dazu beitragen, Stress abzubauen und die Stimmung zu verbessern. Es kann auch dazu beitragen, Selbstdisziplin und Durchhaltevermögen zu entwickeln und die Selbstwirksamkeit zu stärken.

Insgesamt ist es wichtig, regelmäßig Zeit für körperliche Aktivität und eine gesunde Ernährung zu planen, um die körperliche Fitness und Gesundheit zu verbessern und die Persönlichkeitsentwicklung zu unterstützen. Es ist wichtig, einen aktiven Lebensstil zu pflegen, der sowohl Ausdauertraining als auch Krafttraining umfasst und durch eine ausgewogene Ernährung unterstützt wird. Es ist auch wichtig, realistische Ziele zu setzen und sich selbst Zeit und Raum zu geben, um diese Ziele zu erreichen.

Ein weiterer wichtiger Aspekt der körperlichen Fitness und Gesundheit ist die ausreichende Schlafdauer. Es ist wichtig, ausreichend Schlaf zu bekommen, um den Körper und Geist ausreichend zu erholen und zu regenerieren. Eine ausreichende Schlafdauer kann dazu beitragen, das Risiko von chronischen Erkrankungen zu senken und die allgemeine körperliche und mentale Gesundheit zu verbessern.

Eine aktive und gesunde Lebensweise kann auch dazu beitragen, die kognitive Leistungsfähigkeit zu verbessern und die kreative Entfaltung zu fördern. Es kann auch dazu beitragen, die soziale Interaktion und das Selbstwertgefühl zu verbessern.

Insgesamt ist es wichtig, körperliche Fitness und Gesundheit als einen integralen Bestandteil der Persönlichkeitsentwicklung zu betrachten. Indem man regelmäßig Zeit für körperliche Aktivität und gesunde Ernährung einplant, kann man die körperliche und mentale Gesundheit verbessern und die persönliche Entwicklung unterstützen. Es ist wichtig, eine aktive und gesunde Lebensweise langfristig zu pflegen, um die bestmöglichen Ergebnisse zu erzielen.

Eine weitere Möglichkeit, die körperliche Fitness und Gesundheit zu verbessern, ist die Verwendung von Supplementen. Es gibt viele verschiedene Arten von Supplementen, die helfen können, Nährstoffe zu ergänzen, die in der Ernährung eventuell fehlen. Dazu gehören beispielsweise Vitamin- und Mineralstoffpräparate, Proteinpulver, Fischöl- und Probiotika-Supplemente. Es ist jedoch wichtig, darauf zu achten, dass man nur qualitativ hochwertige Supplemente verwendet und sich vor der Einnahme mit einem Arzt oder Ernährungsexperten berät.

Eine weitere Möglichkeit, die körperliche Fitness und Gesundheit zu verbessern, ist die Verwendung von Fitness-Trackern und -Apps. Diese Tools helfen dabei, die körperliche Aktivität und Ernährung zu überwachen und zu analysieren und Ziele zu setzen und zu erreichen. Sie können auch dazu beitragen, Motivation und

Selbstdisziplin zu erhöhen und die Fortschritte zu verfolgen.

Abschließend lässt sich sagen, dass körperliche Fitness und Gesundheit entscheidend für die Persönlichkeitsentwicklung sind. Indem man regelmäßig Zeit für körperliche Aktivität und gesunde Ernährung einplant, die Schlafdauer im Blick behält, und eventuell Supplemente oder digitale Hilfsmittel verwendet, kann man die körperliche und mentale Gesundheit verbessern und die persönliche Entwicklung unterstützen. Es ist wichtig, eine aktive und gesunde Lebensweise langfristig zu pflegen, um die bestmöglichen Ergebnisse zu erzielen.

Mentale und emotionale Gesundheit

Mentale und emotionale Gesundheit sind wichtige Aspekte des allgemeinen Wohlbefindens und beeinflussen sowohl unser tägliches Leben als auch unsere Beziehungen und unsere Leistungsfähigkeit. Eine gute mentale und emotionale Gesundheit bedeutet, dass wir uns selbst und andere verstehen und mit unseren Gedanken, Gefühlen und Verhaltensweisen umgehen können.

Mentale Gesundheit bezieht sich auf die Art und Weise, wie wir mit Stress umgehen, wie wir unsere Gedanken und Gefühle regulieren und wie wir uns selbst und andere verstehen. Eine gute mentale Gesundheit ermöglicht es uns, uns an Veränderungen anzupassen, Probleme zu lösen und erfolgreich mit Herausforderungen umzugehen.

Emotionale Gesundheit bezieht sich auf die Art und Weise, wie wir unsere Gefühle ausdrücken und mit ihnen umgehen. Eine gute emotionale Gesundheit ermöglicht es uns, positive Beziehungen aufzubauen, unsere Gefühle zu regulieren und produktiv mit schwierigen Gefühlen umzugehen.

Leider kann es jedoch zu Problemen mit der mentalen und emotionalen Gesundheit kommen. Einige der häufigsten Probleme sind Angststörungen, Depressionen, bipolare Störungen und Schizophrenie. Diese Erkrankungen können die Fähigkeit beeinträchtigen, erfolgreich mit Herausforderungen umzugehen und positive Beziehungen aufzubauen.

Es gibt jedoch Möglichkeiten, mentale und emotionale Gesundheit zu fördern und Probleme zu behandeln. Einige dieser Ansätze sind:

- Psychotherapie, wie zum Beispiel kognitive Verhaltenstherapie oder tiefenpsychologisch fundierte Therapie

- Medikamentöse Behandlung

- Selbsthilfegruppen

- Entspannungstechniken wie Yoga oder Progressive Muskelentspannung

- Regelmäßige Bewegung und gesunde Ernährung

Es ist wichtig zu erkennen, dass mentale und emotionale Gesundheit genauso wichtig sind wie körperliche

Gesundheit und dass jeder von Zeit zu Zeit Unterstützung benötigen kann. Mit den richtigen Ressourcen und Unterstützung kann jeder seine mentale und emotionale Gesundheit verbessern und erfolgreich mit Herausforderungen umgehen.

Eine wichtige Komponente der Förderung der mentalen und emotionalen Gesundheit ist das Erlernen von Fähigkeiten zur Selbstregulation und Stressbewältigung. Diese Fähigkeiten helfen uns, mit belastenden Situationen und Gefühlen umzugehen und uns auf unsere Ziele und Bedürfnisse zu konzentrieren. Einige Beispiele für solche Fähigkeiten sind:

- Atemübungen

- Visualisierungstechniken

- Affirmationen

- Progressive Muskelentspannung

- Zeitmanagement-Techniken

Eine weitere wichtige Komponente der Förderung der mentalen und emotionalen Gesundheit ist das Aufbauen und Pflegen positiver Beziehungen. Unsere Beziehungen zu anderen Menschen beeinflussen unser Wohlbefinden und unsere Fähigkeit, mit Stress umzugehen. Einige Schritte, um positive Beziehungen aufzubauen und zu pflegen, sind:

- Kommunikation

- Empathie

- Respekt

- Vertrauen

- Unterstützung

Es ist auch wichtig, die Bedeutung von Selbstfürsorge und Selbstakzeptanz zu betonen. Dies beinhaltet die Fähigkeit, sich selbst zu lieben und zu akzeptieren, unabhängig von Fehlern oder Schwächen. Selbstfürsorge umfasst auch die Pflege unseres körperlichen, mentalen und emotionalen Wohlbefindens durch gesunde Ernährung, regelmäßige Bewegung, ausreichend Schlaf und Entspannungstechniken.

Es ist wichtig zu erkennen, dass mentale und emotionale Gesundheit auf einem Kontinuum liegt und dass jeder von Zeit zu Zeit Unterstützung benötigen kann. Es ist nichts, wofür man sich schämen müsste, professionelle Hilfe in Anspruch zu nehmen, um die mentale und emotionale Gesundheit zu verbessern. Es gibt viele Ressourcen und Unterstützungsmöglichkeiten, die helfen können, Probleme zu lösen und die Fähigkeit zu verbessern, erfolgreich mit Herausforderungen umzugehen.

Kreativität und Innovation

Kreativität und Innovation sind Schlüsselfaktoren für den Erfolg in vielen Bereichen des Lebens und der Arbeit. Kreativität bezieht sich auf die Fähigkeit, neue und nützliche Ideen zu generieren, während Innovation die Umsetzung dieser Ideen in die Realität bezieht. Beide sind eng miteinander verbunden und notwendig, um Fortschritt und Veränderung zu erreichen.

Kreativität kann in vielen Bereichen auftreten, wie zum Beispiel in der Kunst, der Wissenschaft, der Technologie, der Medizin, dem Design und der Unternehmensführung. Es ermöglicht uns, Probleme auf ungewöhnliche Weise zu betrachten und neue Lösungen zu finden. Es kann auch helfen, neue Perspektiven und Einsichten zu gewinnen und die Welt um uns herum zu verstehen.

Innovation ist die Umsetzung von kreativen Ideen in die Realität. Es erfordert die Fähigkeit, Risiken einzugehen, Probleme zu lösen und Veränderungen zu initiieren. Innovation kann in vielen Bereichen stattfinden, wie zum Beispiel in der Technologie, dem Produktdesign, der Unternehmensführung und in der Gesellschaft insgesamt.

Es kann helfen, Produkte und Dienstleistungen zu verbessern, Prozesse zu optimieren und neue Märkte zu erschließen.

Es gibt viele Faktoren, die die Kreativität und Innovation fördern oder behindern können. Einige dieser Faktoren sind:

- Umwelt: Eine Umgebung, die für Kreativität und Innovation offen ist, ermöglicht es uns, neue Ideen auszutauschen und zu diskutieren.

- Kultur: Eine Unternehmens- oder Gesellschaftskultur, die Kreativität und Innovation fördert, kann dazu beitragen, dass Mitarbeiter und Individuen ihre Ideen einbringen und umsetzen.

- Führung: Eine Führung, die kreative Ideen unterstützt und Risiken eingeht, kann dazu beitragen, dass Innovationen entstehen.

- Ressourcen: Zugang zu den notwendigen Ressourcen, wie Zeit, Geld und Technologie, kann dazu beitragen, dass Kreativität und Innovation in die Tat umgesetzt werden können.

Es gibt auch verschiedene Techniken und Methoden, die helfen können, Kreativität und Innovation zu fördern. Einige dieser Techniken sind:

- Brainstorming: Eine Methode, bei der eine Gruppe von Menschen zusammenkommt, um kreative Ideen zu generieren und zu diskutieren.

- Mind-Mapping: Eine Methode, bei der man eine Idee oder ein Problem in einer visuellen Darstellung darstellt, um Verbindungen und neue Lösungen zu entdecken.

- Lateral Thinking: Eine Methode, bei der man Probleme auf ungewöhnliche Weise betrachtet, um neue Lösungen zu finden.

- Design Thinking: Eine Methode, die auf die Entwicklung von innovativen Lösungen für komplexe Probleme abzielt, indem man die Perspektive des Nutzers einbezieht und iterativ arbeitet.

Es ist auch wichtig, die Bedeutung von Fehlerkultur zu betonen. In einer Kultur, in der Fehler toleriert werden und als Chance zum Lernen und zur Verbesserung angesehen werden, sind die Mitarbeiter eher bereit, Risiken einzugehen und kreative Ideen auszuprobieren.

Es ist wichtig zu betonen, dass Kreativität und Innovation nicht nur im beruflichen Kontext wichtig sind, sondern auch im persönlichen Leben helfen, neue Erfahrungen zu machen, die Welt aus verschiedenen Blickwinkeln zu betrachten und Probleme auf ungewöhnliche Weise zu lösen.

Insgesamt ist Kreativität und Innovation von entscheidender Bedeutung für den Fortschritt und die Entwicklung in vielen Bereichen des Lebens und der Arbeit. Durch die Förderung von Umgebungen, Kulturen und Fähigkeiten, die Kreativität und Innovation unterstützen, kann jeder sein kreatives Potenzial entfalten und zur Lösung von Problemen und zur Verbesserung der Welt beitragen.

Problemlösungs- und Entscheidungsfindungsfähigkeiten

Problemlösungs- und Entscheidungsfindungsfähigkeiten sind unverzichtbare Fähigkeiten, um erfolgreich in unserem täglichen Leben und in unserer Arbeit zu navigieren. Sie ermöglichen uns, Herausforderungen erfolgreich zu meistern und Entscheidungen zu treffen, die unsere Ziele und Bedürfnisse unterstützen.

Problemlösungsfähigkeiten beziehen sich auf die Fähigkeit, Probleme zu identifizieren, zu analysieren und zu lösen. Dies beinhaltet die Fähigkeit, Probleme auf ungewöhnliche Weise zu betrachten, verschiedene Lösungsansätze zu erwägen und entsprechende Entscheidungen zu treffen. Einige Schritte, die bei der Problemlösung helfen können, sind:

- Problemdefinition: Identifizieren und klären des Problems

- Daten sammeln: Sammeln von Informationen und Fakten über das Problem

- Alternativen erwägen: Überlegen von möglichen Lösungen

- Entscheidung treffen: Wählen der besten Lösung und Umsetzung

- Überwachung und Anpassung: Überwachen der Lösung und Anpassung falls notwendig

Entscheidungsfindungsfähigkeiten beziehen sich auf die Fähigkeit, Entscheidungen zu treffen, die auf einer gründlichen Analyse und Überlegung basieren. Es beinhaltet die Fähigkeit, Risiken abzuwägen, Pros und Cons zu berücksichtigen und Entscheidungen zu treffen, die unsere Ziele und Bedürfnisse unterstützen. Einige Schritte, die bei der Entscheidungsfindung helfen können, sind:

- Ziele definieren: Klären der Ziele und Bedürfnisse, die durch die Entscheidung beeinflusst werden

- Optionen erwägen: Überlegen von möglichen Entscheidungen

- Entscheidung treffen: Wählen der besten Entscheidung

- Verantwortung übernehmen: Verantwortung für die Entscheidung und Umsetzung übernehmen

- Überwachung und Anpassung: Überwachen der Entscheidung und Anpassung falls notwendig

Es gibt auch verschiedene Techniken und Methoden, die helfen können, Problemlösungs- und Entscheidungsfindungsfähigkeiten zu fördern. Einige dieser Techniken sind:

- Brainstorming: Eine Methode, bei der eine Gruppe von Menschen zusammenkommt, um kreative Ideen zu generieren und zu diskutieren.

- Mind-Mapping: Eine Methode, bei der man eine Idee oder ein Problem in einer visuellen Darstellung darstellt, um Verbindungen und neue Lösungen zu entdecken.

- Lateral Thinking: Eine Methode, bei der man Probleme auf ungewöhnliche Weise betrachtet, um neue Lösungen zu finden.

- SWOT-Analyse: Eine Methode, bei der man die Stärken, Schwächen, Chancen und Bedrohungen einer Situation betrachtet, um Entscheidungen zu treffen.

- Entscheidungsbaum: Eine Methode, bei der man die möglichen Konsequenzen verschiedener Entscheidungen darstellt, um die beste Option zu wählen.

Es ist auch wichtig, die Bedeutung von Selbstreflexion und Lernbereitschaft zu betonen. Durch die Fähigkeit, auf Erfahrungen zurückzublicken und zu lernen, kann man seine Problemlösungs- und Entscheidungsfindungsfähigkeiten verbessern und in der Zukunft bessere Entscheidungen treffen.

Entwicklung von Selbstdisziplin

Selbstdisziplin ist die Fähigkeit, unsere Impulse und Wünsche zu kontrollieren und uns an unsere Ziele und Verpflichtungen zu halten. Es ermöglicht uns, unsere Ziele zu erreichen, indem wir uns auf unser langfristiges Wohl konzentrieren und uns von Ablenkungen und Versuchungen abhalten.

Die Entwicklung von Selbstdisziplin beginnt mit der Klärung unserer Ziele und unserer Prioritäten. Es ist wichtig, klare und realistische Ziele zu haben, die unseren Werten und Bedürfnissen entsprechen. Dies hilft uns, uns auf das zu konzentrieren, was wirklich wichtig ist und uns von unbedeutenden Ablenkungen abzuhalten.

Eine weitere wichtige Komponente der Selbstdisziplin ist die Entwicklung von Gewohnheiten und Routinen, die uns dabei helfen, unsere Ziele zu erreichen. Dies beinhaltet die Bildung von Gewohnheiten wie regelmäßige Übung, gesunde Ernährung, ausreichender Schlaf und Zeitmanagement-Techniken. Diese Gewohnheiten helfen uns, uns auf unsere Ziele zu konzentrieren und uns von Ablenkungen abzuhalten.

Es ist auch wichtig, die Bedeutung von Selbstmotivation und Selbstbelohnung zu betonen. Indem wir uns selbst motivieren und uns selbst belohnen, wenn wir unsere Ziele erreichen, können wir unsere Selbstdisziplin aufrechterhalten und uns auf die Erreichung unserer Ziele konzentrieren.

Ein weiteres wichtiges Element der Selbstdisziplin ist die Fähigkeit, mit Rückschlägen umzugehen. Niemand erreicht seine Ziele immer perfekt und jeder erlebt Rückschläge. Es ist wichtig, diese Rückschläge als Lernmöglichkeiten zu betrachten und daraus zu lernen, um in der Zukunft erfolgreicher zu sein.

Es ist wichtig zu betonen, dass die Entwicklung von Selbstdisziplin ein Prozess ist, der Zeit und Anstrengung erfordert. Es ist auch wichtig zu erkennen, dass jeder unterschiedliche Fähigkeiten und Herausforderungen hat und dass es keine "eine Größe passt alles" -Lösung gibt. Es ist wichtig, die Techniken und Methoden zu finden, die am besten zu einem selbst passen und diese kontinuierlich zu überprüfen und anzupassen, um die bestmöglichen Ergebnisse zu erzielen.

Es gibt auch verschiedene Techniken und Methoden, die helfen können, Selbstdisziplin zu entwickeln. Einige dieser Techniken sind:

- Ziele setzen: Klären von klaren und realistischen Zielen, die unseren Werten und Bedürfnissen entsprechen.

- Planen: Erstellen von Plänen, um die Ziele zu erreichen, inklusive Schritten und Zeitplänen.

- Visualisieren: Vorstellung von sich selbst, wie man erfolgreich seine Ziele erreicht.

- Selbstüberwachung: Überwachen der eigenen Gedanken, Gefühle und Aktionen, um sicherzustellen, dass man auf Kurs bleibt.

- Belohnungen und Bestrafungen: Sich selbst belohnen, wenn man seine Ziele erreicht und sich selbst bestrafen, wenn man von seinem Plan abweicht.

Insgesamt ist Selbstdisziplin eine wichtige Fähigkeit, die es uns ermöglicht, unsere Impulse und Wünsche zu kontrollieren und uns an unsere Ziele und Verpflichtungen zu halten. Durch die Klärung von Zielen, die Entwicklung von Gewohnheiten und Routinen, Selbstmotivation und die Fähigkeit, mit Rückschlägen umzugehen, kann jeder seine Selbstdisziplin entwickeln und seine Ziele erfolgreich erreichen.

Persönliches Wachstum und Entfaltung

Persönliches Wachstum und Entfaltung bezieht sich auf den Prozess, sich selbst besser kennen zu lernen, seine Fähigkeiten und Talente zu entwickeln und sein volles Potenzial auszuschöpfen. Es ermöglicht uns, uns selbst besser zu verstehen und uns auf eine positive und erfüllende Zukunft vorzubereiten.

Ein wichtiger Aspekt des persönlichen Wachstums und der Entfaltung ist die Selbstreflexion. Durch die Fähigkeit, auf Erfahrungen zurückzublicken und zu lernen, kann man seine Stärken und Schwächen erkennen und an diesen arbeiten, um sich selbst zu verbessern. Es hilft uns auch, unsere Ziele und Wünsche besser zu verstehen und uns auf die Erreichung dieser zu konzentrieren.

Eine weitere wichtige Komponente des persönlichen Wachstums und der Entfaltung ist die persönliche Entwicklung. Dies beinhaltet die Förderung von Fähigkeiten und Talenten durch Bildung, Übung und Erfahrung. Dies kann durch die Teilnahme an Kursen, Seminaren oder Workshops, das Lesen von Büchern oder das Arbeiten mit einem Mentor erfolgen. Es hilft uns, uns auf eine Karriere oder ein Interesse vorzubereiten und uns selbst zu verbessern.

Es ist auch wichtig, die Bedeutung von Support-Systemen zu betonen. Um unser persönliches Wachstum und unsere Entfaltung zu fördern, ist es wichtig, uns von anderen Menschen umgeben zu haben, die uns unterstützen und uns ermutigen. Dies kann durch die Bildung von Beziehungen zu Freunden, Familie oder Kollegen erfolgen, oder durch die Teilnahme an Gruppen oder Communities, die unsere Interessen teilen.

Es ist wichtig zu betonen, dass persönliches Wachstum und Entfaltung ein lebenslanger Prozess ist, der uns immer wieder herausfordert und uns dazu ermutigt, uns selbst besser kennen zu lernen und uns weiterzuentwickeln. Es erfordert Zeit und Anstrengung, aber durch die Förderung von Selbstreflexion, persönlicher Entwicklung und Support-Systemen kann jeder sein volles Potenzial ausschöpfen und ein erfülltes und erfülltes Leben führen.

Ein weiterer wichtiger Aspekt des persönlichen Wachstums und der Entfaltung ist die Förderung von mentaler und emotionaler Gesundheit. Dies beinhaltet die

Arbeit an der Regulierung von Gedanken und Gefühlen, der Verarbeitung von Stress und der Förderung von Wohlbefinden. Dies kann durch verschiedene Methoden erfolgen, wie zum Beispiel durch Meditation, Yoga, Therapie oder durch die Unterstützung von Selbsthilfegruppen.

Es ist auch wichtig, die Verbindung zwischen persönlichem Wachstum und Entfaltung und Kreativität und Innovation hervorzuheben. Kreativität und Innovation erfordern die Fähigkeit, Probleme und Herausforderungen auf ungewöhnliche Weise zu betrachten und neue Lösungen zu finden. Durch die Förderung persönlichen Wachstums und Entfaltung kann man auch seine Fähigkeit zur Kreativität und Innovation erhöhen.

Ein weiteres wichtiges Element des persönlichen Wachstums und der Entfaltung ist die Förderung von Problemlösungs- und Entscheidungsfindungsfähigkeiten. Dies beinhaltet die Fähigkeit, Probleme zu identifizieren, zu analysieren und zu lösen, sowie Entscheidungen auf der Grundlage von Informationen und Überlegungen zu treffen. Dies kann durch die Anwendung von Techniken wie Brainstorming, Mind-Mapping, SWOT-Analyse oder Entscheidungsbaum erreicht werden.

Ein weiterer wichtiger Aspekt des persönlichen Wachstums und der Entfaltung ist die Förderung von Selbstdisziplin. Selbstdisziplin ermöglicht es uns, unsere Impulse und Wünsche zu kontrollieren und uns an unsere Ziele und Verpflichtungen zu halten. Es hilft uns, unsere Ziele zu erreichen und uns auf unser langfristiges Wohl zu konzentrieren. Durch die Klärung von Zielen, die Entwicklung von Gewohnheiten und Routinen, Selbstmotivation und die Fähigkeit, mit Rückschlägen umzugehen, kann man seine Selbstdisziplin entwickeln und seine Ziele erfolgreich erreichen.

Abschließend kann man sagen, dass persönliches Wachstum und Entfaltung ein wichtiger Prozess ist, der uns hilft, uns selbst besser kennen zu lernen, unsere Fähigkeiten und Talente zu entwickeln und unser volles Potenzial auszuschöpfen. Es erfordert Zeit, Anstrengung und die Unterstützung von anderen, aber durch die Förderung von Selbstreflexion, persönlicher Entwicklung, Support-Systemen, mentaler und emotionaler Gesundheit,

Kreativität und Innovation, sowie Problemlösungs- und Entscheidungsfindungsfähigkeiten, kann jeder sein persönliches Wachstum und Entfaltung fördern und ein erfülltes und erfülltes Leben führen. Es ist wichtig zu erkennen, dass jeder unterschiedliche Bedürfnisse und Herausforderungen hat und dass es keine "eine Größe passt alles" -Lösung gibt. Es ist wichtig, die Techniken und Methoden zu finden, die am besten zu einem selbst passen und diese kontinuierlich zu überprüfen und anzupassen, um die bestmöglichen Ergebnisse zu erzielen.

Persönliche Werte und Prinzipien zur Persönlichkeitsentwicklung

Persönliche Werte und Prinzipien spielen eine wichtige Rolle bei der Entwicklung unserer Persönlichkeit. Sie bilden die Grundlage für unser Verhalten und unsere Entscheidungen und beeinflussen maßgeblich, wie wir uns selbst und andere wahrnehmen und wie wir in der Welt wahrgenommen werden.

Persönliche Werte sind Dinge, die uns wichtig sind und die uns Orientierung geben. Sie können sowohl positiv (z.B. Integrität, Freundlichkeit) als auch negativ (z.B. Neid, Gier) sein. Es ist wichtig, sich bewusst mit seinen persönlichen Werten auseinandersetzen, um herauszufinden, welche Werte für uns wirklich wichtig sind und welche nicht. Dies kann durch Reflexion, Gespräche mit anderen oder durch das Ausprobieren von verschiedenen Verhaltensweisen erfolgen.

Prinzipien sind grundlegende Regeln oder Überzeugungen, die unser Verhalten und unsere Entscheidungen beeinflussen. Sie können moralisch (z.B. Ehrlichkeit), ethisch (z.B. Fairness) oder pragmatisch (z.B. Effizienz) sein. Auch hier ist es wichtig, sich bewusst mit seinen Prinzipien auseinandersetzen, um herauszufinden, welche Prinzipien für uns wirklich wichtig sind und welche nicht.

Einmal identifiziert, können persönliche Werte und Prinzipien dazu verwendet werden, um unser Verhalten und unsere Entscheidungen zu reflektieren und gegebenenfalls anzupassen. Sie können uns auch dabei helfen, unsere Ziele und Träume zu verfolgen und uns dabei unterstützen, das zu erreichen, was für uns wirklich wichtig ist.

Es ist jedoch wichtig zu betonen, dass persönliche Werte und Prinzipien nicht statisch sind und sich im Laufe unseres Lebens verändern können. Es ist daher wichtig, regelmäßig Zeit zu investieren, um unsere Werte und Prinzipien zu überprüfen und anzupassen.

In der Persönlichkeitsentwicklung spielen persönliche Werte und Prinzipien eine entscheidende Rolle. Indem wir uns bewusst mit ihnen auseinandersetzen, können wir lernen, unsere Stärken und Schwächen besser zu verstehen und uns selbst besser kennen. Auf diese Weise können wir uns gezielt auf die Entwicklung unserer Persönlichkeit konzentrieren und uns auf das konzentrieren, was für uns wirklich wichtig ist.

Ein wichtiger Aspekt der Persönlichkeitsentwicklung ist die Fähigkeit, unsere Werte und Prinzipien in die Tat umzusetzen. Dies erfordert oft Mut, Entschlossenheit und Durchhaltevermögen. Es kann schwierig sein, unsere Werte und Prinzipien in bestimmten Situationen oder Umgebungen zu verfolgen, insbesondere wenn sie im Widerspruch zu den Werten und Prinzipien anderer stehen.

Es ist jedoch wichtig, uns daran zu erinnern, dass wir die Verantwortung für unsere eigenen Entscheidungen und Handlungen tragen und dass es uns ermöglicht, unserer eigenen Wahrheit und Integrität treu zu bleiben.

Ein weiterer wichtiger Aspekt der Persönlichkeitsentwicklung ist die Fähigkeit, unsere Werte und Prinzipien in Beziehungen und Interaktionen mit anderen anzuwenden. Dies erfordert die Fähigkeit, unsere eigenen Bedürfnisse und Wünsche auszudrücken, sowie die Fähigkeit, die Bedürfnisse und Wünsche anderer zu verstehen und zu respektieren.

Insgesamt sind persönliche Werte und Prinzipien ein wichtiger Bestandteil unserer Persönlichkeit und spielen eine entscheidende Rolle in der Entwicklung unserer Persönlichkeit. Indem wir uns bewusst mit ihnen auseinandersetzen und uns bemühen, sie in unserem Leben umzusetzen, können wir uns selbst besser kennenlernen und uns auf das konzentrieren, was für uns wirklich wichtig ist.

Produktivität

Produktivität ist ein wichtiger Faktor für den Erfolg in beruflichen und persönlichen Angelegenheiten. Es beschreibt die Fähigkeit, mehr in weniger Zeit zu erreichen und ermöglicht es uns, unsere Ziele und Träume zu verfolgen. Eine Steigerung der Produktivität kann dazu beitragen, unsere Leistung zu verbessern, Stress abzubauen und uns Zeit für die Dinge zu geben, die uns wirklich wichtig sind.

Eine Möglichkeit, die Produktivität zu steigern, ist die Verwendung von Zeitmanagement-Techniken. Dazu gehört das Setzen von klaren Zielen, die Erstellung von To-Do-Listen und das Einhalten von Zeitplänen. Es kann auch hilfreich sein, Prioritäten zu setzen und sich auf die wichtigsten Aufgaben zu konzentrieren.

Eine weitere Möglichkeit, die Produktivität zu steigern, ist die Verwendung von Technologie. Dazu gehört die Verwendung von Produktivitäts-Apps und -Tools, die es ermöglichen, Aufgaben zu organisieren, zu planen und zu verfolgen. Es kann auch hilfreich sein, digitale Ablenkungen zu minimieren, indem man die

Benachrichtigungen auf dem Smartphone ausschaltet oder sich von sozialen Medien fernhält, wenn man arbeitet.

Ein weiterer wichtiger Faktor für die Steigerung der Produktivität ist die Pflege von Körper und Geist. Dazu gehört die Aufrechterhaltung einer gesunden Ernährung, regelmäßige Bewegung und ausreichend Schlaf. Es ist auch wichtig, sich Zeit für Entspannung und Erholung zu nehmen und sich regelmäßig von Stress zu erholen.

Eine weitere Möglichkeit, die Produktivität zu steigern, ist die Schaffung einer produktiven Umgebung. Dazu gehört die Organisation des Arbeitsplatzes, die Verwendung von natürlichem Licht und die Schaffung einer angenehmen Atmosphäre.

Ein letzter Aspekt der Produktivität ist die Fähigkeit, sich selbst zu motivieren und die eigene Arbeit zu schätzen. Dazu gehört die Entwicklung von Interesse an der Arbeit und die Schaffung von Sinn und Zweck in der Arbeit. Auch das Setzen von Belohnungen für erreichte Ziele kann dazu beitragen, die Motivation zu steigern.

Eine weitere Möglichkeit, die Produktivität zu steigern, ist die Verwendung von Delegationstechniken. Dazu gehört die Übertragung von Aufgaben an andere Personen, die sie besser erledigen können, und die Schaffung von Teams, in denen jeder seine Stärken einbringen kann. Dies ermöglicht es uns, uns auf unsere Stärken zu konzentrieren und uns von anderen unterstützen zu lassen, was zu einer höheren Produktivität führen kann.

Insgesamt gibt es viele Möglichkeiten, die Produktivität zu steigern. Wichtig ist es, die individuellen Bedürfnisse und Präferenzen zu berücksichtigen und die Techniken und Strategien an die eigene Situation anzupassen. Es ist auch wichtig, regelmäßig Zeit zu investieren, um die eigene Produktivität zu überprüfen und anzupassen, um sicherzustellen, dass man auf Kurs bleibt und die eigenen Ziele erreicht.

Ein persönliches Netzwerk ist eine Gruppe von Menschen, die uns unterstützen und uns helfen, unsere Ziele und Träume zu verfolgen. Es spielt eine wichtige Rolle bei der Persönlichkeitsentwicklung, da es uns ermöglicht, von anderen zu lernen, uns inspirieren zu lassen und uns gegenseitig zu unterstützen.

Ein wichtiger Aspekt des persönlichen Netzwerks ist die Vielfalt. Es ist wichtig, Menschen aus verschiedenen Bereichen des Lebens und mit unterschiedlichen Perspektiven und Erfahrungen in unserem Netzwerk zu haben. Dies kann dazu beitragen, unsere eigene Sichtweise zu erweitern und uns zu helfen, unser Potenzial vollständiger zu entfalten.

Ein weiterer wichtiger Aspekt des persönlichen Netzwerks ist die Qualität der Beziehungen. Es ist wichtig, Beziehungen aufzubauen, die auf Vertrauen, Respekt und Unterstützung basieren. Dies ermöglicht es uns, uns offen und ehrlich mit anderen zu kommunizieren und uns gegenseitig zu helfen, uns zu entwickeln und unsere Ziele zu erreichen.

Eine Möglichkeit, ein persönliches Netzwerk aufzubauen, ist die Teilnahme an Gemeinschaftsaktivitäten und -veranstaltungen. Dies kann dazu beitragen, neue Menschen kennenzulernen und Beziehungen aufzubauen. Es kann auch hilfreich sein, eine Mentoring-Beziehung einzugehen oder sich einer professionellen Organisation oder einer Interessengruppe anzuschließen.

Ein weiterer wichtiger Aspekt des persönlichen Netzwerks ist die Pflege bestehender Beziehungen. Dies erfordert regelmäßige Kommunikation und Interaktion mit anderen und die Bereitschaft, Zeit und Energie in die Beziehungen zu investieren.

Insgesamt ist ein persönliches Netzwerk ein wichtiger Bestandteil der Persönlichkeitsentwicklung. Es ermöglicht es uns, von anderen zu lernen, uns inspirieren zu lassen und uns gegenseitig zu unterstützen. Indem wir uns bemühen, ein starkes und vielfältiges persönliches Netzwerk aufzubauen und zu pflegen, können wir unsere eigene Entwicklung fördern und unsere Ziele erreichen.

Ein weiterer Aspekt des persönlichen Netzwerks ist die Fähigkeit, Feedback zu geben und zu erhalten. Dies ermöglicht es uns, unsere Stärken und Schwächen besser zu verstehen und uns gezielt auf die Entwicklung unserer Persönlichkeit konzentrieren zu können. Es ist wichtig, sich von Menschen umgeben zu lassen, die ehrlich und unterstützend sind und uns helfen, uns weiterzuentwickeln und unser Potenzial vollständiger zu entfalten.

Ein persönliches Netzwerk kann auch dazu beitragen, uns in schwierigen Zeiten zu unterstützen. Es gibt uns die Möglichkeit, uns an jemanden zu wenden, wenn wir Rat oder Unterstützung benötigen. Es kann auch dazu beitragen, uns davor zu bewahren, uns von der Umwelt zu isolieren und uns zu ermächtigen, unsere Probleme besser zu bewältigen.

Ein wichtiger Aspekt des persönlichen Netzwerks ist auch die Fähigkeit, uns von negativen Menschen zu distanzieren. Es ist wichtig, uns von Menschen fernzuhalten, die uns schaden oder uns davon abhalten, uns zu entwickeln. Dies erfordert oft Mut und Entschlossenheit, aber es ist notwendig, um unsere eigene Wachstum und Entwicklung zu fördern.

Es ist wichtig zu betonen, dass das Aufbauen und Pflegen eines persönlichen Netzwerks Zeit und Anstrengung erfordert. Es erfordert die Bereitschaft, sich zu öffnen und zu kommunizieren, sowie die Bereitschaft, Zeit und Energie in die Beziehungen zu investieren. Es ist jedoch eine wertvolle Investition in die eigene Persönlichkeitsentwicklung und kann dazu beitragen, uns dabei zu unterstützen, unser Potenzial vollständiger zu entfalten und unsere Ziele zu erreichen.

Persönliches Wissensmanagement

Persönliches Wissensmanagement bezieht sich auf die systematische Erfassung, Speicherung, Verwaltung und Nutzung von Wissen im persönlichen Kontext. Es ist ein wichtiger Faktor für die Persönlichkeitsentwicklung, da es uns ermöglicht, unser Wissen und unsere Fähigkeiten zu erweitern und zu verbessern, um unsere Ziele und Träume zu verfolgen.

Ein wichtiger Aspekt des persönlichen Wissensmanagements ist die Erfassung von Wissen. Dies erfordert die Bereitschaft, neue Informationen aufzunehmen und sich ständig weiterzubilden. Es kann dazu beitragen, regelmäßig Bücher zu lesen, Kurse zu besuchen oder sich mit Experten auszutauschen.

Ein weiterer wichtiger Aspekt des persönlichen Wissensmanagements ist die Speicherung von Wissen. Dies erfordert die Verwendung von Werkzeugen wie Notizbüchern, Dokumenten oder Wissensdatenbanken, um das erworbene Wissen zu organisieren und zugänglich zu machen.

Ein wichtiger Aspekt des persönlichen Wissensmanagements ist die Verwaltung von Wissen. Dies erfordert die Fähigkeit, das erworbene Wissen zu priorisieren und sich auf die wichtigsten Informationen zu konzentrieren. Es kann dazu beitragen, regelmäßig das erworbene Wissen zu überprüfen und zu aktualisieren.

Ein letzter Aspekt des persönlichen Wissensmanagements ist die Nutzung von Wissen. Dies erfordert die Fähigkeit, das erworbene Wissen in die Praxis umzusetzen und es in unserem täglichen Leben anzuwenden. Es kann dazu beitragen, das erworbene Wissen regelmäßig in Projekten oder Aufgaben anzuwenden um es zu festigen.

Insgesamt ist persönliches Wissensmanagement ein wichtiger Bestandteil der Persönlichkeitsentwicklung. Es ermöglicht es uns, unser Wissen und unsere Fähigkeiten zu erweitern und zu verbessern, um unsere Ziele und Träume zu verfolgen. Indem wir uns bemühen, unser Wissen systematisch zu erfassen, zu speichern, zu verwalten und anzuwenden, können wir uns besser auf die Herausforderungen des Lebens vorbereiten und uns besser auf die Zukunft vorbereiten. Es ist wichtig zu betonen, dass das persönliche Wissensmanagement eine kontinuierliche Anstrengung erfordert, es erfordert die Bereitschaft sich ständig weiterzubilden, die Erfassung von Wissen, die Speicherung von Wissen, die Verwaltung von Wissen und die Anwendung von Wissen. Es ist eine Investition in die eigene Persönlichkeitsentwicklung und kann dazu beitragen, uns dabei zu unterstützen, unser Potenzial vollständiger zu entfalten und unsere Ziele zu erreichen.

Leidenschaft und Berufung

Leidenschaft und Berufung sind zwei Begriffe, die oft miteinander in Verbindung gebracht werden, aber unterschiedliche Bedeutungen haben.

Leidenschaft bezieht sich auf eine starke emotionale Bindung oder Begeisterung für etwas. Es ist das Feuer, das uns antreibt, uns in etwas zu engagieren und uns motiviert, hart zu arbeiten und Fortschritte zu erzielen. Leidenschaft kann sich auf viele Dinge beziehen, von Hobbys und Freizeitaktivitäten bis hin zu Karrierezielen und persönlichen Projekten.

Berufung hingegen bezieht sich auf eine tiefe innere Überzeugung, dass man bestimmte Arbeit oder Aufgaben ausführen sollte, um einen bestimmten Zweck oder eine bestimmte Mission zu erfüllen. Es geht darum, sich auf eine Sache zu konzentrieren, die man wirklich liebt und für die man bereit ist, hart zu arbeiten und Opfer zu bringen. Eine Berufung kann sich auf eine Karriere oder eine bestimmte Branche beziehen, aber sie kann auch ein allgemeineres Ziel oder eine Mission sein, die man im Leben verfolgt.

Es ist wichtig zu betonen, dass Leidenschaft und Berufung nicht immer Hand in Hand gehen. Man kann leidenschaftlich über etwas sein, aber es nicht als Berufung betrachten, und umgekehrt kann man eine Berufung haben, aber nicht unbedingt leidenschaftlich darüber sein. Es gibt auch Fälle, in denen Menschen ihre Berufung erst später im Leben finden, oder sogar mehrere Berufungen im Laufe ihres Lebens haben.

Eine wichtige Verbindung zwischen Leidenschaft und Berufung besteht darin, dass beide uns helfen können, unser volles Potenzial auszuschöpfen und erfüllte, erfüllte Leben zu führen. Wenn man seine Leidenschaft und Berufung verfolgt, fühlt man sich oft erfüllter und motivierter, und man hat auch eine größere Chance, erfolgreich zu sein und einen positiven Einfluss auf die Welt zu haben.

Es gibt viele Möglichkeiten, wie man seine Leidenschaft und Berufung entdecken und verfolgen kann. Eine Möglichkeit besteht darin, sich Zeit zu nehmen, um über die Dinge nachzudenken, die einem wirklich wichtig sind und die einem Freude bereiten. Man kann auch versuchen, verschiedene Hobbys und Aktivitäten auszuprobieren, um herauszufinden, was einem wirklich gefällt. Es kann auch hilfreich sein, sich mit anderen Menschen zu treffen, die ihre Leidenschaft und Berufung verfolgen, um Inspiration und Unterstützung zu finden.

Es ist auch wichtig, realistisch zu bleiben und sich bewusst zu sein, dass es möglicherweise Herausforderungen und Rückschläge geben wird, wenn man seine Leidenschaft und Berufung verfolgt. Es kann jedoch hilfreich sein, sich kleine Ziele zu setzen und kontinuierlich Fortschritte zu verfolgen, um das Gefühl zu haben, dass man sich auf dem richtigen Weg befindet.

In Bezug auf die Karrierewahl, ist es wichtig, sich bewusst zu sein, dass manche Karrieremöglichkeiten mehr Möglichkeiten bieten, die Leidenschaft und Berufung zu verbinden als andere. Es kann hilfreich sein, sich über verschiedene Karrieremöglichkeiten zu informieren und zu prüfen, ob sie gut zu den eigenen Interessen und Werten passen. Es ist auch wichtig, sich daran zu erinnern, dass Karrierewege nicht immer linear verlaufen und dass es möglich ist, mehrere Karrierewechsel im Laufe des

Lebens zu machen, um die Leidenschaft und Berufung zu verfolgen.

Abschließend lässt sich sagen, dass Leidenschaft und Berufung wichtige Aspekte des Lebens sind, die uns helfen können, unser volles Potenzial auszuschöpfen und erfüllte Leben zu führen. Es ist wichtig, sich Zeit zu nehmen, um unsere Interessen und Wünsche zu erforschen und uns auf die Verfolgung unserer Leidenschaft und Berufung zu konzentrieren, um ein erfülltes und erfülltes Leben zu führen.

Persönliche Intelligenz

Persönliche Intelligenz, auch bekannt als emotionales Quotient (EQ), bezieht sich auf die Fähigkeit, die eigenen Gefühle und die Gefühle anderer zu verstehen und zu steuern, um erfolgreich in sozialen Beziehungen und im beruflichen Leben zu sein. Es umfasst die Fähigkeit, Empathie zu zeigen, Beziehungen aufzubauen und zu pflegen, sowie die Fähigkeit, sich selbst und andere zu motivieren.

Ein wichtiger Bestandteil der persönlichen Intelligenz ist die Fähigkeit, die eigenen Gefühle zu erkennen und zu verstehen. Dies beinhaltet die Fähigkeit, sich selbst zu reflektieren und zu verstehen, warum bestimmte Dinge einen besonders starken emotionalen Reaktionen hervorrufen. Es beinhaltet auch die Fähigkeit, die eigenen Gefühle zu regulieren, um angemessen auf verschiedene Situationen reagieren zu können.

Ein weiterer wichtiger Aspekt der persönlichen Intelligenz ist die Fähigkeit, die Gefühle anderer zu verstehen und zu berücksichtigen. Dies beinhaltet die Fähigkeit, Empathie zu zeigen, indem man sich in die Lage anderer Menschen versetzt und ihre Perspektive versteht. Es beinhaltet auch die Fähigkeit, die Kommunikation mit anderen Menschen zu verbessern, indem man ihre Gefühle und Bedürfnisse berücksichtigt.

Eine weitere wichtige Komponente der persönlichen Intelligenz ist die Fähigkeit, erfolgreiche Beziehungen aufzubauen und zu pflegen. Dies beinhaltet die Fähigkeit, Vertrauen aufzubauen, Kompromisse zu schließen und Konflikte zu lösen. Es beinhaltet auch die Fähigkeit, ein gutes Teammitglied zu sein und erfolgreich in einer Gruppe zusammenzuarbeiten.

Schließlich beinhaltet persönliche Intelligenz die Fähigkeit, sich selbst und andere zu motivieren. Dies beinhaltet die Fähigkeit, Ziele zu setzen, sich auf diese Ziele zu konzentrieren und die notwendigen Schritte zu unternehmen, um diese Ziele zu erreichen. Es beinhaltet auch die Fähigkeit, andere zu inspirieren und zu motivieren, um ihre Ziele zu erreichen.

Persönliche Intelligenz kann durch verschiedene Methoden entwickelt und gestärkt werden. Eine Möglichkeit besteht darin, sich Zeit zu nehmen, um regelmäßig zu reflektieren und sich über die eigenen Gefühle und Verhaltensweisen im Klaren zu sein. Es kann auch hilfreich sein, Feedback von anderen zu suchen und sich bewusst darum zu bemühen, die Perspektive anderer zu verstehen.

Eine andere Möglichkeit besteht darin, sich auf die Entwicklung sozialer Fähigkeiten zu konzentrieren, wie zum Beispiel aktives Zuhören, konstruktives Feedback geben und Empathie zeigen. Es kann auch hilfreich sein, sich in sozialen Situationen zu üben und zu lernen, wie man angemessen reagiert.

Eine weitere Möglichkeit besteht darin, sich auf die Entwicklung von Führungsqualitäten zu konzentrieren, wie zum Beispiel Problemlösung, Entscheidungsfindung und die Fähigkeit, andere zu motivieren. Es kann auch hilfreich sein, sich in Führungsrollen zu üben und zu lernen, wie man erfolgreich führt.

Es gibt auch eine Vielzahl von Ressourcen und Tools, die helfen können, die persönliche Intelligenz zu entwickeln und zu stärken, wie zum Beispiel Bücher, Online-Kurse, Coaching-Sessions und Selbstbewertungstests. Es ist wichtig zu betonen, dass die Entwicklung der persönlichen Intelligenz ein kontinuierlicher Prozess ist und dass es immer Raum für Wachstum und Verbesserung gibt.

Abschließend lässt sich sagen, dass die persönliche Intelligenz ein wichtiger Aspekt des Lebens ist, der uns hilft, erfolgreich in sozialen Beziehungen und im beruflichen Leben zu sein. Es umfasst die Fähigkeit, die eigenen Gefühle und die Gefühle anderer zu verstehen und zu steuern, sowie die Fähigkeit, erfolgreiche Beziehungen aufzubauen und zu pflegen und sich selbst und andere zu motivieren. Es gibt viele Möglichkeiten, wie man die persönliche Intelligenz entwickeln und stärken kann und es ist ein Prozess, der das ganze Leben lang andauert.

Persönliche Flexibilität

Persönliche Flexibilität, auch bekannt als Anpassungsfähigkeit, bezieht sich auf die Fähigkeit, schnell und erfolgreich auf Veränderungen und Herausforderungen zu reagieren. Es umfasst die Fähigkeit, sich an neue Situationen anzupassen, Probleme zu lösen und Entscheidungen zu treffen, wenn sich die Umstände ändern. Persönliche Flexibilität ist ein wichtiger Aspekt für die Karriereentwicklung und das allgemeine Wohlbefinden, da es uns ermöglicht, erfolgreich auf unvorhergesehene Ereignisse zu reagieren und unsere Ziele zu erreichen.

Eine wichtige Komponente der persönlichen Flexibilität ist die Fähigkeit, sich an neue Situationen anzupassen. Dies beinhaltet die Fähigkeit, schnell auf Veränderungen zu reagieren und sich auf unerwartete Herausforderungen einzustellen. Es beinhaltet auch die Fähigkeit, neue Aufgaben und Verantwortlichkeiten erfolgreich zu übernehmen und sich in ungewohnten Umgebungen wohlzufühlen.

Eine weitere wichtige Komponente der persönlichen Flexibilität ist die Fähigkeit, Probleme zu lösen und Entscheidungen zu treffen, wenn sich die Umstände ändern. Dies beinhaltet die Fähigkeit, schnell und effektiv auf Herausforderungen zu reagieren und sich an sich ändernde Anforderungen anzupassen. Es beinhaltet auch die Fähigkeit, kreative Lösungen zu finden und Risiken einzugehen, wenn es erforderlich ist.

Ein weiterer wichtiger Aspekt der persönlichen Flexibilität ist die Fähigkeit, unter Stress erfolgreich zu arbeiten. Dies beinhaltet die Fähigkeit, sich auf kritische Aufgaben zu konzentrieren und effektiv zu arbeiten, auch wenn die Umstände schwierig sind. Es beinhaltet auch die Fähigkeit, sich schnell zu erholen und zurückzusetzen, wenn Dinge nicht nach Plan laufen.

Es gibt viele Möglichkeiten, wie man die persönliche Flexibilität entwickeln und stärken kann. Eine Möglichkeit besteht darin, sich regelmäßig neuen Herausforderungen und Aufgaben auszusetzen, um die Fähigkeit zu verbessern, sich an neue Situationen anzupassen. Es kann auch hilfreich sein, regelmäßig

Feedback von anderen zu suchen, um zu verstehen, wie man in unvorhergesehenen Situationen wahrgenommen wird und welche Bereiche verbessert werden können.

Eine weitere Möglichkeit besteht darin, sich auf die Entwicklung von Problemlösungsfähigkeiten zu konzentrieren. Dies beinhaltet die Fähigkeit, komplexe Probleme zu analysieren, mögliche Lösungen zu generieren und Entscheidungen zu treffen. Es kann auch hilfreich sein, Zeit zu nehmen, um über Probleme nachzudenken und sich auf die Suche nach Lösungen zu machen, anstatt sofort aufzugeben.

Eine weitere Möglichkeit besteht darin, die Fähigkeit zu verbessern, unter Stress erfolgreich zu arbeiten. Dies kann durch die Verwendung von Techniken wie Atemübungen, Progressive Muskelentspannung oder Yoga erreicht werden. Es kann auch hilfreich sein, Zeit zu nehmen, um sich regelmäßig zu entspannen und sich von stressigen Situationen zu erholen.

Abschließend lässt sich sagen, dass persönliche Flexibilität ein wichtiger Aspekt des Lebens ist, der uns hilft, erfolgreich auf Veränderungen und

Herausforderungen zu reagieren. Es umfasst die Fähigkeit, sich an neue Situationen anzupassen, Probleme zu lösen und Entscheidungen zu treffen, wenn sich die Umstände ändern. Es gibt viele Möglichkeiten, wie man die persönliche Flexibilität entwickeln und stärken kann und es ist ein Prozess, der das ganze Leben lang andauert.

Persönliche Rituale und Praktiken

Persönliche Rituale und Praktiken sind Verhaltensweisen, die regelmäßig wiederholt werden, um die persönliche Entwicklung und das Wohlbefinden zu fördern. Sie können dazu beitragen, Ziele zu erreichen, Stress abzubauen und einen positiven Mindset aufrechtzuerhalten. Es gibt viele verschiedene Arten von persönlichen Ritualen und Praktiken, die man in seinen Alltag integrieren kann, um die persönliche Entwicklung zu unterstützen.

Eine Möglichkeit, persönliche Rituale und Praktiken zur Persönlichkeitsentwicklung zu integrieren, besteht darin, regelmäßig Zeit für Selbstreflexion und Selbstbetrachtung zu nehmen. Dies kann durch das Schreiben im Tagebuch, das Durchführen von Selbstbewertungen

oder das Führen von Tagebuch oder das Durchführen von Meditations- und Atemübungen erreicht werden. Dies hilft dabei, die eigenen Gedanken und Gefühle besser zu verstehen und zu verarbeiten, sowie Ziele und Prioritäten klarer zu definieren.

Eine weitere Möglichkeit besteht darin, regelmäßig Zeit für die körperliche Gesundheit und Fitness zu reservieren. Dies kann durch regelmäßige Bewegung, wie zum Beispiel Joggen, Yoga oder Gewichtheben, erreicht werden. Es kann auch hilfreich sein, eine gesunde Ernährung zu pflegen und sich ausreichend Zeit zum Schlafen zu nehmen. Dies hilft dabei, den Körper und Geist zu stärken und besser mit Stress umzugehen.

Eine weitere Möglichkeit besteht darin, regelmäßig Zeit für soziale Interaktionen und Beziehungen zu reservieren. Dies kann durch das Verbringen von Zeit mit Freunden und Familie, das Teilnehmen an sozialen Aktivitäten oder das Engagieren in Gemeinschaftsdiensten erreicht werden. Dies hilft dabei, soziale Fähigkeiten zu entwickeln und ein Gefühl der Verbundenheit und Unterstützung zu erlangen.

Es ist wichtig zu betonen, dass jeder Mensch individuell ist und dass es keine allgemeingültigen Rituale oder Praktiken gibt, die für alle passend sind. Es ist wichtig, verschiedene Methoden auszuprobieren und herauszufinden, welche am besten zu einem selbst passen und die besten Ergebnisse erzielen. Es ist auch wichtig, regelmäßig Feedback von anderen einzuholen und sich bewusst darum zu bemühen, die persönlichen Rituale und Praktiken an die sich ändernden Bedürfnisse und Ziele anzupassen.